デイン・オートランド 著
糟谷恵司 訳

わたしは心が柔和でへりくだっているから

〜キリストの心をさぐる23章〜

いのちのことば社

Gentle and Lowly: The Heart of Christ for Sinners and Sufferers

Published by Crossway
a publishing ministry of Good News Publishers
Wheaton, Illinois 60187, U.S.A.

This edition published by arrangement with Crossway.

ホープへ

ルカの福音書18章16節

父のように私たちを慈しみ
私たちの弱々しい姿をよく知っていて
御手で私たちを優しく包み込み
すべての敵から私たちを救い出す

——H・F・ライト　一八三四年

目次

装丁　大橋莉香

はじめに

これは、キリストの心についての本です。キリストとはどのような人なのか。本当のキリストとは。キリストにとって最も自然なこととは。罪人や苦しみにある人々に向かうとき、キリストの中ですぐに燃え立つものとは。最も自然にそして本能的に流れ出すものとは。いったい、キリストとはどういう人なのか。

この本は、落胆した人、挫折した人、疲れた人、幻滅した人、皮肉な考えをもつ人、からっぽな人のために書かれています。疲れ果てている人。クリスチャンとしての人生が、下りのエスカレーターをいつも登り続けているようなものだと感じている人。私たちの中で「どうしてまたこんな失敗を犯したのだろう」と感じている人たち。これは、自分に対して神が我慢の限界を迎えているのではという、増していく疑念のための本です。神に愛されていることを知りつつも、神を深く失望させたのではないかと疑っている人たちのための。周りの人にキリストの愛を伝えながらも、神は私たちについては軽い不満を抱いておられるのではないかと思う人。自分の人生を修復できないほど破滅させてしまったのではないかと思う人。主のために役立つことは永遠にできないと確信している人。理由のわからない痛みに足をすくわれ、どうすればこのような無感覚な暗闇の生活を続けることができるのかと考えている人。自分の人生を顧みて、神は基本的に与えることを好まない方であると結論づけることでしか物事を解釈できない人。

ですから、この本は普通のクリスチャンのために書かれているのです。要するに罪人や苦しむ人々のためにです。イエスはこのような人々のことをどう思っているのでしょうか。

この問いに、戸惑いや疑いをおもちの方もいるかもしれません。イエスの気持ちについてこのように語ることは、イエスを過剰に人間化しているのではないでしょうか。これは別の角度から見ると、キリストの心は三位一体の教えとどのように関係しているのか、ということです。すなわち、キリストは、御父や御霊とは違った形で私たちと関わるのか。それとも、キリストが誰であるかということの中心とは何かと問うことは、すでにバランスを失っているのでしょうか。また、キリストの心はキリストの怒りとどのように関係しているのでしょうか。さらに、キリストの心は、旧約聖書に描かれている神の姿とどのように一致するのでしょうか。

これらの質問は、正当なものであると同時に必要なものでもあります。ですから神学的な注意を払う必要があります。ただし神学的に忠実であるために最も安全な方法は、聖書本文に接近して離れないことです。そして、この本では単に、キリストの心について聖書が何と言っているかを問い、私たちの浮き沈みの激しい人生において、イエスの心がどのような栄光をもつかを考えることにしましょう。

しかし、私たちは聖書を最初に読む人ではないし、聖書すべてを理解できるほど頭が良いわけでもありません。教会の歴史の中で神はユニークな賜物や洞察力をもった教師たちを興して、キリストにあって神がどのような方なのかという緑の牧場と憩いのみぎわの中へと私たちと一緒に歩かせてくださいました。特に、一六〇〇年代のイギリス、ピューリタンの時代には、集中して多くの洞察力のある聖書の教師が与えられました。もし私がピューリタン〔1〕、特にトーマス・グッドウィンに出会わなかったら、キリストの心についてのこの本は存在しなかったでしょう。気が変わりやすい罪人にとってキリストにある神がどのような方なのか、最も自然にかつ容易に私の目を開いてくれたのは、誰よりもグッドウィンです。しかし、グッドウィンや、この本で取り上げられているシッブズやバニヤンなどの著作は、あくまでも水路であって、水源ではありません。聖書こそその源です。彼らは、神が実際にどのような方であるかについて、聖書が初めからずっと語ってきたことを、特別明快にそして洞察力をもって示してくれているだけです。

そこで、本書では、聖書の一節、またはピューリタンやその他の人々の教えを少し取り上げて、神の心とキリストの心について何が語られているのかを考えることにしました。預言者のイザヤやエレミヤ、使徒のヨハネやパウロ、ピューリタンのグッドウィンやシッブズ、バニヤン、オーウェン、その他エドワーズやスポルジョン、ウォーフィールドなどを取り上げ、彼らが神の心やキリストの心について語っていることに心を開いていきたいと思います。全体を支配する質問は、「その方とは誰か」です。この本は、章から章へとかなり自然な流れで進んでいきますが、論理的に構成された議論というよりも、キリストの心という一つのダイヤモンドをさまざまな角度から見ていくものです。

　これは「キリストが何をなさったか」を問うのとは別のことです。そしてこの問いについては、たくさん良書があります。ストットの『キリストの十字架（*The Cross of Christ*）』[1]、ジェフェリーとオーヴェイとサックの『私たちの背きのために刺され（*Pierced for Our Transgressions*）』[2]、マクラウドの『十字架につけられたキリスト（*Christ Crucified*）』[3]、パッカーの一九七四年の影響力の大きい論文[4]など、多くの確固とした歴史的また現代的な論考があります。しかし、この本では、キリストが何をしたかに焦点を当てるのではなく、キリストが誰であるかを熟考していきます。この二つの事項は互いに結びついており、実際に相互に依存していますが、それでも異なるものです。福音は、罪の罰則からの解放を差し出す（それは冒しがたい尊い真理ですが）だけではなく、キリストの心の中へと私たちを押しやるのです。キリストがあなたのために死んでよみがえり、すべての罪を洗い流してくださったことはご存じかもしれません。しかし、あなたに対するキリストの深い心をご存じですか。キリストがあなたの罪深さを贖うわざを行われたことだけでなく、あなたの罪深さの中にあるキリストの切望の心も意識して生活していますか。

妻は夫について、身長、目の色、食生活、学歴、仕事、家事の手際の良さ、親友、趣味、性格分析、好きなスポーツチームなど、多くのことを説明できることでしょう。しかし、お気に入りのレストランで、テーブルを挟んで座っている夫が訳知り顔で見つめているのに対して、何と返事ができるでしょうか。そのまなざしは、何年にもわたって深まった関係、二人が無事に潜り抜けてきた何千回という会話や議論、そして、何が起ころうとも、時間をかけて培われたお互いへの確信を映しだしています。その一瞥は、多くのことばよりも、夫からの愛情のこもった守りを一瞬で語っています。では、妻は自分に対する夫の心そのものを他の人にどのように説明できるのでしょうか。

それは、夫の外観や言動について説明することとは違います。夫の心を説明することは、それとは別のこと、もっと深くそしてもっと現実的なことなのです。

キリストにも同じことが言えます。受肉や贖罪など多くの重要な教理を知るのとは別のことです。あなたに対するキリストの心を知ることは、別の、そしてより深く心を探るような要素なのです。

「その方とは誰か」

原注

1 John R. W. Stott, *The Cross of Christ* (Downers Grove, IL: InterVarsity Press, 1986).
2 Steve Jeffery, Michael Ovey, and Andrew Sach, *Pierced for Our Transgressions: Recovering the Glory of Penal Substitution* (Wheaton, IL: Crossway, 2007).
3 Donald Macleod, *Christ Crucified: Understanding the Atonement* (Downers Grove, IL: InterVarsity Press, 2014).
4 J. I. Packer, "What Did the Cross Achieve? The Logic of Penal Substitution," *Tyndale Bulletin* 25 (1974): 3–45.

訳注

〔1〕イギリス国教会の改革を唱えたキリスト教のプロテスタント（カルヴァン派）の大きなグループ。市民革命の担い手となった。日本語では清教徒と訳される。イギリスでの改革に満足せず、多くはアメリカに移住した。

1　主の心

「わたしは心が柔和でへりくだっている」

マタイの福音書11・29

チャールズ・スポルジョンから指摘されたことを、私の父は私に指摘してくれました。私たちに与えられたマタイ、マルコ、ルカ、ヨハネの四福音書の記事、つまり合計八十九章の聖書本文の中で、イエスがご自身の心について語っているところは一か所しかないということをです。

四福音書の中で、キリストの教えについて多くのことを学びます。キリストの誕生、宣教の働き、弟子たちのことが書かれています。旅や祈りの習慣についても語られています。また、長い説教や、それを聞いた人々の度重なる反論が、さらなる教えを促していることもわかります。そして、イエスがご自身を、旧約聖書全体を成就するために送られた者と理解しておられたことについても学びます。そして、不当に捕らえられ、恥ずべき死、そして驚くべき復活を遂げたことを、それぞれの福音書で知ることができます。さらに、過去二千年の間に多くの神学者がこれらのことについて書いた多くの文献を考えてみてください。

けれども、たった一箇所だけ、おそらく人の唇で語られた最も素晴らしいことばは、イエスご自身が自らの心を私たちに明らかにしてくださっていることばです。

すべて疲れた人、重荷を負っている人はわたしのもとに来なさい。わたしがあなたがたを休ませてあげます。わたしは心が柔和でへりくだっているから、あなたがたもわたしのくびきを負って、わたしから学びなさい。そうすれば、たましいに安らぎを得ます。わたしのくびきは負いやすく、わたしの荷は軽いからです。（マタイ11・28〜30）[1]

聖書の中で、神の御子がベールを外して、その本質までを見つめさせてくれる唯一の箇所です。「厳格で厳しい心」とは言われていません。「崇高で威厳のある心」とも「喜びに満ちた寛大な心」とも語られていません。イエスご自身のことばによれば、その驚くべき主張は、「柔和でへりくだる心」であるということです。

最初にはっきりさせておきたいことがあります。旧約、新約にかかわらず、聖書が「心」について語るとき、それは生活の感情面であるだけではなく、私たちのすべての行動に生命を与えるセンターです。心とは、朝、私たちを寝床から起き上がらせるものであり、眠りに落ちるときに空想を与えるものです。私たちのモチベーションの中枢です。聖書のことばで言うと、心は、今ある私たちの一部ではなく、中心です。私たちの心は、私たちを定義し、導くものです。だからソロモン王は「何を見張るよりも、あなたの心を見守れ。いのちの泉はこれから湧く」（箴言4・23）[2]と教えています。心は、いのちに関わるものです。私たち一人ひとりを人間たらしめているものです。心は、私たちのすべての行動の原動力であり、私たちの今ある姿です。[3]

そして、イエスがご自身を奥底から活発にするもの、ご自身に最もあてはまることを語ってくださるとき、すなわちご自身の存在のもっとも奥底を明らかにしてくださるとき、そこにあるのは「柔和でへりくだる」ということばです。

このような救い主を誰が考えたでしょうか。

＊　＊　＊

「わたしは心が柔和で……」

ここで「柔和」と訳されているギリシア語は、新約聖書では他に三回だけ出てきます。山上の説教の八福の教えの前半に「柔和な者」は地を受け継ぐとあります（マタイ5・5）。マタイの福音書21・5の預言（ゼカリヤ9・9を引用）には、王であるイエスが「あなたのところに来る。柔和な方で、ろばに乗って」とあります。最後に妻たちへのペテロの励ましに、何よりも育成すべきものは「柔和で穏やかな霊という朽ちることのないものを持つ、心の中の隠れた人」（Ⅰペテロ3・4）であるとあります。柔和、謙虚、穏やかである。イエスは些細なことで攻撃的になる方ではありません。厳しい、反動的な、すぐに怒る方ではありません。宇宙で最も理解のある方です。イエスにとって最も自然な行動は、指をさすことではなく、両手を広げることなのです。

「……へりくだっている……」

「へりくだる」ということばの意味は、「柔和」ということばの意味と重なり、イエスの心についてある一つの現実性を伝えています。このへりくだるという特定の語は、新約聖書では一般に「謙遜である」と訳されており、例えばヤコブの手紙4・6〔ESV〕には「神は高ぶる者には敵対し、謙遜な者には恵みを与える」とあります。ただし、新約聖書では通常このギリシア語は、美徳としての謙虚さではなく、困窮している、もしくは生活環境によって下に突き落とされているという意味での謙虚さを意味しています（このギリシア語は旧約聖書のギリシア語版でも、特に詩篇で、このような意味でよく使われています）。例えば、イエスを身ごもったマリアの歌で、この単語は、神が「低い者」を高く上げられることについて語るのに使われています（ルカ1・52）。パウロは、「思い上がることなく、むしろ身分の低い人たちと交わりなさい」（ローマ12・16）と言うときにこのことばを使い、社会的立場の弱い人、つまり社交的で生き生きとした人ではなく、現れたときにぎょっとするような人を指しています。

イエスがへりくだった方であるというのは、イエスが身近な存在であるということです。その輝かしい栄光とまばゆいばかりの聖さ、最高のユニークさと他の人との違いにもかかわらず、人類の歴史上、イエス・キリストほど親しみやすい人はいませんでした。前提となる条件も、跳んで潜り抜けないといけない輪もありません。ウォーフィールドは、マタイの福音書11・29についてのコメントを次のように書いています。「イエスの生活を通して、苦難への高貴な謙虚さほど、イエスに従う者の意識に深く刻み込まれた印象はない。[4]」そのイエスに抱き包まれるための最低限のハードルは、ただ心を開くことです。それがイエスの求めるすべてです。実際、イエスが働きかけるのはそのことだけです。マタイの福音書11章の28節には、イエスと交わる資格のある人が明確に書かれています。それは「すべて疲れた人〔ＥＳＶ「労働する人」〕、重荷を負っている人」です。重荷を下ろしたり心を落ち着けたりしてから、イエスのもとに行く必要はありません。重荷こそが、イエスのもとに行く資格なのです。支払いは必要ありません。「わたしが休みを与えます」〔ＥＳＶ〕と言われます。その休みは取引ではなくイエスからの贈り物です。あなたが人生を円滑に動かすために積極的に努力（「労働」）していても、自分ではコントロールできないこと（「重荷」）で心が沈んでいても、イエス・キリストの願いは、あなたが休みを得て、嵐の中から抜け出すことであり、それはあなた自身の願いをも凌駕しています。

「柔和でへりくだっている。」これは、イエスご自身の証しによると、イエスの心そのものです。これがイエスの本質なのです。優しく、いつも迎え入れ、歓迎し、こちらに合わせ、理解力があり、協力的である。イエスがどのような方なのかを一言で言い表すように求められるとき、もし私たちの答えが「柔和でへりくだっている」であれば、イエスご自身の教えを尊重していることになります。

もしイエスご自身のウェブサイトが存在するなら、ホームページの「わたしについて」の項目の最も目立つ行には「心が柔和でへりくだっている」と書かれていることでしょう。

＊　＊　＊

以上のイエスの姿は、無差別に誰にとってもではありません。これは、イエスのもとに来て、イエスのくびきを負い、イエスに助けを叫び求めている者にとってのイエスなのです。このイエスのことばの前の段落では、イエスが悔い改めない者をどのように扱うかが示されています。「ああ、コラジン。ああ、ベツサイダ。……おまえたちに言う。さばきの日には、ソドムの地のほうが、おまえよりもさばきに耐えやすいのだ」（マタイ11・21、24）。「柔和でへりくだっている」とは、「感傷的で薄っぺら」という意味ではありません。

しかし、悔い改めた人にとっては、その優しく包み込む心は、私たちの罪や欠点、不安や疑念、心配や失敗に負かされることは決してありません。へりくだった柔和さは、イエスが人々に対して時折見せる行動ではありません。柔和とは、イエスご自身の姿なのです。それはイエスの心です。イエスがご自身のものである人々に対して柔和さをなくすことができないのは、あなたや私が目の色を変えることができないのと同じです。それが私たちです。

クリスチャンの人生は、労苦と労働を避けて通れません（Ⅰコリント15・10、ピリピ2・12～13、コロサイ1・29）。イエスご自身が、まさにこの福音書の中でこのことを明らかにされました（マタイ5・19～20、18・8～9）。マタイの福音書11章での約束は、「たましいの安らぎ」であって、「肉体の安らぎ」ではありません。しかし、クリスチャンの労苦はすべて、超越する明確な実態をもつ、柔和でへりくだった、生けるキリストとの交わりから流れ出ています。イエスはその無限の優しさで私たちを驚かせ、支えてくださいます。この愛情ある優しさのさらに奥へと入っていくことで初めて、私たちは新約聖書が求めるようなクリスチャン生活を送ることができるのです。キリストの心の優しさを飲み干してこそ、私たちはどこへ行っても天の香りを後に残すようになり、私たちにふさわしいものの中に閉じ込められないほど大きな神の優しさを垣間見せることで世を驚かせて、ある日、死ぬことになるのです。

この「優しさ」の概念は、「わたしのくびきは負いやすく」というイエスのことばの中に含まれています。「負いやすく」と訳されていることばは、注意深く理解する必要があります。イエスは、人生に痛みや苦労がないと言っているのではありません。また、このことばは、他の箇所で「親切な」と訳されています。例えば、エペソ人への手紙4・32には、「互いに親切にし、優しい心で赦し合いなさい」と書かれています（ローマ2・4も同様〔訳注・新改訳2017では「いつくしみ深さ」〕）。イエスが何を言おうとしておられるかをよく考えてみましょう。「くびき」とは、農具を引きずって畑を歩かせるために牛に負わせる重い横木のことです。イエスはある種の皮肉を用いて、弟子たちが負わされるくびきはくびきではないと言っているのです。優しさのくびきだからです。誰がこれを断るのでしょうか。溺れている人に「救命胴衣を着てください」と言っても、「嫌だ！　俺は嫌だ！　この荒波の中で溺れているだけでも大変なのに、さらに救命胴衣という荷を負わされてはたまらない」と叫び返されるようなものです。口ではキリストを告白しながらも、キリストの心をあまり理解していないため、たいていの場合イエスとの深い交わりを避けている私たちも、それと同じようなものです。

イエスのくびきは優しく、重荷は軽い。つまり、イエスのくびきはくびきではなく、イエスの重荷は重荷ではありません。ヘリウムが風船を浮かせるように、イエスのくびきはイエスに従う者に働きかけます。私たちは、イエスの限りない柔和さといつでも近寄ることのできるへりくだりによって、人生を支えられているのです。イエスは私たちが必要としているところで出会ってくださるだけではなく、私たちが必要としているところに住んでくださるのです。私たちを優しく抱き包むことに飽きられることはありません。それがイエスの心そのものです。それがイエスを朝起き出させるものなのです。

＊　＊　＊

以上は私たちが直感的に考えるイエス・キリストとは違います。マタイの福音書11章のこの箇所について、昔のイギリスの牧師トーマス・グッドウィンは、イエスが実際に言っておられることの中に入るのを助けてくれます。

> 人々はキリストについて正反対のことを思いつきがちであるが、キリストは、ご自身についてのそのような厳しい考えを防ぐことで、そこでのご自身の気質について人々に話し、彼らをますますご自身に引きつける。私たちは、キリストが聖なる方であるがゆえに、罪人に対して厳しく、不機嫌な態度で、罪人に耐えることができないと考えがち

である。「そうではない」と仰せられる。「わたしは柔和であり、優しさがわたしの性質、気質である」と。[5]

私たちは、この世の中の仕組みの歪んだ感覚をイエスに当てはめてしまいます。人間の性質では、裕福な人ほど貧しい人を見下す傾向があり、美人であればあるほど、醜い人を不快に思います。そして私たちは自分のしていることに気づかないまま、これほど高貴な方が卑劣で汚れた者に近づくことは難しいと勝手に思い込んでしまうのです。確かにイエスは私たちに近づいてくださるが、鼻をつまみながらだと考えています。しかし、この復活したキリストこそ、「神が……高く上げ」た方であり、その御名によって、いつの日かすべての者がひざまずいて服従するのです（ピリピ2・9～11）。この方の目は「燃える炎のよう」であり、その声は「大水のとどろきのよう」で、その口からは「鋭い両刃の剣」が出ていて、その顔は「強く照り輝く太陽のよう」です（黙示録1・14～16）。つまり、その輝きはことばでは十分に表現できないほど素晴らしく、その輝きの前ではすべてのことばが消え去ってしまう、計り知れないほど壮大な方です。

これこそ、その心の奥底が何よりも「柔和でへりくだっている」方です。

グッドウィンが言っているのは、この高貴で聖なるキリストは、汚れた罪人や感覚を失った苦しむ人に手を伸ばして触れることにうんざりしない、ということです。そのような包み込みや抱擁は、まさにイエスが愛してやまないことです。抑えることはできないのです。イエスが私たちに触れるのは、小さな男の子が初めてナメクジを触ろうと手を伸ばすようなものだと私たちは自然に考えます。顔を歪め、慎重に腕を伸ばし、接触して嫌悪の叫び声をあげ、即座に引っ込めます。グッドウィンが言うように、復活したキリストが「厳しく、不機嫌な態度」で私たちに近づいてくる姿を思い浮かべるのです。

だからこそ、私たちには聖書が必要なのです。生まれながらの本能は、どうしても神を自分たちのような存在と感じてしまいます。聖書に啓示された神は、私たちの直感的予測を解体し、無限の完璧さと無限の優しさを併せ持つ方として私たちを驚かせます。確かに、神の完璧さには、完全な優しさが含まれています。

それが、イエスがどんな方であるかということです。それがイエスの心そのものなのです。イエスご自身がそう言われました。

すべて疲れた人、重荷を負っている人はわたしのもとに来なさい。わたしがあなたがたを休ませてあげます。わたしは心が柔和でへりくだっているから、あなたがたもわたしのくびきを負って、わたしから学びなさい。そうすれば、たましいに安らぎを得ます。

わたしのくびきは負いやすく、わたしの荷は軽いからです。

原注

1　マタイ11・29はドイツの宗教改革者フィリップ・メランヒトンが好きな聖書の一節。Herman Bavinck, "John Calvin: A Lecture on the Occasion of His 400th Birthday," trans. John Bolt, *The Bavinck Review* 1 (2010): 62.

2　もう一人のピューリタンであるジョン・フラベルは、この聖句と、心を保つ方策に論文一冊全体を捧げた。John Flavel, *Keeping the Heart: How to Maintain Your Love for God* (Fearn, Scotland: Christian Focus, 2012).

3　この線に沿った心に関する聖書の教えについての素晴らしい論文は、Craig Troxel, *With All Your Heart: Orienting Your Mind, Desires, and Will toward Christ* (Wheaton, IL: Crossway, 2020)である。

4　B. B. Warfield, *The Person and Work of Christ* (Oxford, UK: Benediction Classics, 2015), 140.

5　Thomas Goodwin, *The Heart of Christ* (Edinburgh: Banner of Truth, 2011), 63.

2　行動する心

「彼らを深くあわれんで」

マタイの福音書14・14

マタイの福音書11・29のことばでイエスが主張していることは、四つの福音書の中で何度も繰り返されている行動で証明されています。イエスはご自身がどのような方であるかの通りのことをなさいます。ほかのやり方では行動しません。イエスの生活はイエスの心を証明しています。

- ツァラアトに冒された人が「主よ、お心一つで私をきよくすることがおできになります」と言うと、イエスはすぐに手を伸ばして彼に触れ、「わたしの心だ。きよくなれ」と言いました（マタイ8・2〜3）。その病者の願いとイエスの答えの両方にある「心」ということばは、ギリシア語で願いや欲望を意味します。病者は、イエスの心の奥底にある願望を尋ねていたのです。そして、イエスは彼を癒やすことによって、その深い願いを明らかになさいました。

● 男たちが中風の友をイエスのもとに連れてきたとき、イエスは彼らの願いを聞くのを待つことさえできませんでした。「イエスは彼らの信仰を見て、中風の人に『子よ、しっかりしなさい。あなたの罪は赦された』と言われた」（マタイ9・2）。彼らが助けを求めようと口を開く前に、イエスはご自身を止めることができず、彼らを安心させることばや穏やかなことばが転がり出たのです。

● イエスは町から町へと旅をしながら、「群衆を見て深くあわれまれた。彼らが……弱り果てて倒れていたからである」（マタイ9・36）。それで、彼らを教え、病気を癒やされました（マタイ9・35）。群衆の無力さを見ただけで、同情心に火がついたのです。

● このあわれみの心は、キリストの働きの中で何度も何度も波のように押し寄せ、病人を癒やし（「そして彼らを深くあわれんで、彼らの中の病人たちを癒やされた」マタイ14・14）、飢えている人を食べさせ（「かわいそうに、この群衆はすでに三日間わたしとともにいて、食べる物を持っていないのです」マタイ15・32）、群衆を教え（「イエスは彼らを深くあわれみ、多くのことを教え始められた」マルコ6・34）、遺族の涙をぬぐう（「主はその母親を見て深くあわれみ、『泣かなくてもよい』と言われた」ルカ7・13）よう駆り立てました。ギリシア語で「あわれみ」を意味することばがこれらの聖句すべてに共通しています。そのことばは文字通り人の内臓やはらわたを指し、人の最も内側の核から生まれ出るものの古代的な表現です。このあわれみは、キリストの最も深い心を反映しています。

- 福音書には、イエスが泣き崩れたことが二度書かれています。いずれも、ご自身の苦しみや痛みを嘆いたのではありません。両方とも別のものに対する悲しみ、一つはエルサレム（ルカ19・41）、もう一つは亡くなった友人のラザロ（ヨハネ11・35）のための悲しみです。イエスの最も深い苦悩は何だったのでしょうか。他者の苦悩です。何がイエスの心を涙するまで動かしたのでしょうか。人の涙です。
- 何度も何度も、道徳的な嫌われ者、社会的に非難されている者、理不尽で報われない者が、単にキリストのあわれみを受けるだけでなく、キリストが最も自然に引きつけられる相手なのです。キリストは、敵対する者の証言によれば、「罪人の仲間」（ルカ7・34）です。

イエスがどのような方であるかについて与えられるイメージを、福音書全体を捉えて総合的に考えてみると、何が最も際立っているでしょうか。

確かに、イエスは旧約聖書の希望や預言を成就した方です（マタイ5・17）。その聖さゆえに、友人でさえも自分の罪深さを知って恐れて倒れてしまいます（ルカ5・8）。確かに、イエスは力強い教師であり、その権威は当時の宗教的な博士たちをも凌ぐものでした（マルコ

1・22)。これらを一つでも軽視すると、重要な歴史的正統性から外れることになります。しかし、福音書を読んだ後も耳に鳴り響く調べ、そのイメージ像の中で最も鮮明で目を引く要素は、神の聖なる御子が、最もそれに適さないが真にそれを望んでいる者たちに近づき、触れ、癒やし、抱きしめ、赦す様子なのです。

ピューリタンのリチャード・シッブズはそれを次のように言っています。「〔キリストが〕悲惨な状態にある民を見たとき、彼のはらわたは内側で渇望した。キリストにおける恵みと慈悲のわざ、それらはまず彼のはらわたから出てきた。」つまり、「キリストが行ったことすべて……愛と恵みと慈悲ゆえに行ったのである」。ただしその後シッブズはもう一歩踏み込んで、「イエスは内側で、まさにそのはらわたから行うのだ」と言っています。[1] 福音書で書き表されたイエスは、単に愛する方ではなく、愛である方です。慈悲深い愛情が太陽から光が出るように、心の奥底から流れ出ている方なのです。

では、イエスの厳しい側面についてはどうでしょうか。

J・I・パッカーはかつて、「半分の真実がすべての真実であるふりをすると、それは完全な不真実になる」[2]と書きました。これは、聖書のキリストの啓示について語るとき、特に慎重に扱う必要のあるポイントです。教会史上の異端は、イエスを全般的にひっくり返して描くのではなく、ただ一方に偏って描いたのです。最初の何世紀かのキリスト論についての論争は、一つの重要な要素を除いて、キリスト教の基本的な教理をすべて肯定していました。それは、あるときにはキリストが真の人間であること、あるときにはキリストが真の神であることでした。私たちもキリストの心を語る際に、キリストの怒りを軽視する危険性があるのではないでしょうか。キリストのある側面を抜き出して、他の面を軽視することにならないでしょうか。

おそらく私たちの多くにとって、明らかな異端に比べればその危険性はわずかなものです。私たちは神学的に完全に正統派かもしれませんが、さまざまな理由で、イエスの一方の側面に引き寄せられがちです。私たちの中には、ルールに縛られた環境で育ったために、とても到達できないといつまでも感じて息苦しくなっている人がいるかもしれません。それでキリストの恵みとあわれみに特に惹かれます。また、混沌とした無秩序な環境で育ち、キリストの教えに基づいた道徳的に制限された生活の構造と秩序を特に魅力的に感じる人もいるかもしれません。人生で自分を守ってくれるはずの人たちに深く傷つけられ、天国と地獄の正義と報復がすべての過ちを正してくれることを切望する人もいることでしょう。

キリストの愛情に満ちた心を注視しながら、どのようにしたら私たちは、神の計画の全体について健全に理解し、キリストがどのような方であるかの包括的な、それゆえバランスのとれた所見をもつように成長できるのでしょうか。

ここで三つの注釈が必要です。第一に、キリストの怒りとキリストのあわれみは互いに対立するものではなく、シーソーのように一方が上がれば他方が下がるものではありません。むしろ、この二つは共に上がり、共に下がります。私たちの周りにも内にもあるすべての悪に対するキリストの正当な怒りについての理解が深まれば深まるほど、キリストのあわれみについての理解も深まるのです。

第二に、キリストの心（と旧約聖書での神の心）について具体的に語るとき、私たちはいずれにしても、怒りとあわれみの多様な領域にいるわけではありません。キリストの心はキリストの心です。キリストの心について語るとき、一つの属性を他の属性と並べて語ろうとすることはあまりありません。私たちは、イエスの最も深い核心においてどのような方であるかを問うているのです。何がイエスから最も自然に湧き出ているのかを。

第三に、私たちは、罪人や苦しむ人に対するキリストの愛のこもった心について語る際に、聖書の証言に従うことを単に求めています。言い換えれば、聖書が源であり、もし聖書のキリスト像に不釣り合いな感じがするようならば、私たちもそれに従って不釣り合いでいましょう。人為的に「バランスがとれている」よりも、聖書的であるほうがよいのです。

これから先は、キリストの心そのものを、それと調和しないようなキリストの行動や聖書の記述とどのようにして折り合いをつけるのかという問題に立ち戻ることになります。しかし、前述の三つのポイントは最後まで心に留めておく必要があります。要するに、キリストの愛情に満ちた心は、称賛しすぎたり、強調しすぎたり、誇張しすぎたりすることはできません。測定できないのです。しかし、簡単に無視され、忘れられてしまいます。そこからほとんど力を引き出しません。私たちは、イエスの心を語るときに、イエスの厳しい面を無視しようとしているわけでもありません。私たちの唯一の目的は、イエスの最も驚くべき正体に向かってトンネルを掘っていく際に聖書自体の証言に従うことです。

そして、イエスの行動がイエスの最も深いところの姿を反映しているとすれば、イエスが最もひきつけられているのは堕落そのものであり、イエスはその堕落を取り消すために来られたという結論を避けることはできません。

＊　＊　＊

これは、イエスが愛に満ちているとか、あわれみ深いとか、恵み深いとかいうことよりも深い意味があります。四福音書の積み重なる証言は、イエス・キリストがご自分の周りの世界の堕落を見たとき、最も深い願いや自然な本能は、その罪と苦しみから遠ざかるのではなく、それらに向かって進むことであるということです。

このことは、旧約聖書にある「きよい」「きよくない」という分類を背景にして考えることができます。聖書では、これらの分類は一般的に、身体的・物理的な衛生状態ではなく、道徳的なきよさを意味しています。この二つを完全に切り離すことはできませんが、道徳的または倫理的なきよさが第一の意味です。このことは、汚れに対する対応が、入浴ではなく、いけにえを捧げることであったことから明らかです（レビ5・6）。問題は汚れではなく、罪悪感（咎）でした（レビ5・3）。したがって、旧約のユダヤ人は、汚れの程度と、再び道徳的にきよくなるためのさまざまな供え物や儀式という洗練されたシステムのもとで生活していました。このシステムで特に注目すべき部分は、汚れた人がきよい人と接触すると、そのきよい人も汚れるということです。道徳的汚れは伝染するのです。

イエスを考えてみましょう。レビ記の分類では、イエスは地表を歩いた中で最もきよい人です。「きよい方」なのです。生まれつき汚れていて堕落している私たちがおののくどんな恐ろしいものも、イエスをより一層おののかせることでしょう。私たちには、イエスの心と精神の完全な純粋さ、神聖さ、清潔さを深く理解することができません。その素朴さ、無邪気さ、愛らしさを。

そして、汚れた者を見たとき、イエスはどうされたでしょうか。売春婦やツァラアトに冒された者に出会ったときの最初の衝動は？　イエスは、彼らに向かっていきました。同情がその心にあふれ、それは真の思いやりが切望することでした。彼らと時を過ごし、直接触れることもありました。触れることの人間らしさは誰でも証言できます。温かい抱擁は、温かい挨拶のことばだけではできないことをするのです。けれども、思いやりにあふれた、キリストの触れるという行動には、もっと深いものがあります。キリストはユダヤ教のシステムを覆したのです。きよい方であるイエスが汚れた罪人に触れても、キリストは汚れた者にはなりませんでした。罪人がきよめられたのです。

イエス・キリストの地上での働きは、価値のない罪人たちに彼らの人間性を返す働きでした。私たちは福音書の奇跡を、自然の秩序を妨害するものと考えがちです。しかし、ドイツの神学者ユルゲン・モルトマンは、奇跡は自然の秩序の妨害ではなく自然の秩序の回復であると指摘しています。私たちは堕落した世界に慣れてしまっているので、病気や疾病、痛み、死が自然なことのように思えます。実は、それらこそが妨害なのです。

イエスが悪霊を追い出し、病人を癒やすのは、破壊の力を被造物から追い出し、傷つき、病んでいる創造された存在を癒やし、回復させているのである。癒やしがあかしする神の主権は、被造物を健康へと回復させる。イエスの癒やしは、自然界における超自然的な奇跡ではない。不自然で、悪魔に支配され、傷ついた世界の中で、唯一の真の「自然な」ものなのである。[3]

イエスは、人間性を失った者に人間性を回復し、汚れた者をきよめながらこの地上を歩かれました。なぜでしょうか。それは、イエスの心がイエスをゆっくり眠らせなかったからです。どの町でも悲しみに直面しました。ですから、どこへ行っても、痛みと切望に直面するたびにいつも、きよめのあわれみというよい感染を広めたのです。トーマス・グッドウィンは「キリストは肉体でおおわれている愛だ」[4]と言いました。映画に出てくるターミネーターなどの機械人間を想像してみてください。皮をはがせば機械があるように、キリストの皮をはがせばそこには愛があるのです。

もし、思いやりの心が人間の体をまとって、この地球上を歩き回るとしたらどんな姿をしているのでしょうか。迷う必要はありません。

＊　＊　＊

しかし、それはイエスが地球上にいたときの話。今日はどうでしょう。

新約聖書のあかしは、「イエス・キリストは、昨日も今日も、とこしえに変わることがありません」（ヘブル13・8）というものです。ラザロの墓で泣いた同じキリストが、私たちの孤独な絶望の中で共に泣いておられます。手を差し伸べてツァラアトに冒された者に触れた方が、今日、私たちが誤解され脇に追いやられていると感じるとき、抱きしめてくださいます。面倒な罪人に手を差し伸べてきよめてくださったイエスは、私たちの魂の中へ手を伸ばし、私たちの中途半端にあわれみを求める嘆願に対して、そうしなければ済まない方の強く無敵なきよめで答えてくださるのです。

言い換えれば、今は天におられるにもかかわらず、キリストの心は、遠くにはないのです。それは、このことすべてをご自身の御霊によってしてくださるからです。この本の13章で、キリストの心と聖霊の関係に焦点を当てます。今は、御霊を通してキリストご自身が私たちに触れてくださるだけでなく、私たちの中に住んでくださると述べておくだけです。

新約聖書では、私たちはキリストに結びつけられていると教えています。私たち自身の体の一部が行うことは何であれ、キリストの体が行うと言えるほどの親密な結びつきです（Iコリント6・15～16）。イエス・キリストは、地上での活動で語り、触れた罪人や苦しむ人々にとってよりも、今日、あなたにとって近い存在なのです。キリストご自身の心は、その霊を通して、肉体的な抱擁には実現できないほど近く、しっかりとした抱擁で、人々を包み込みます。キリストの地上での行動は、キリストの心を反映していました。その同じ心が、今も私たちに対して同じように働いてくださいます。それは、私たちが今やキリストのからだだからです。

原注

1 Richard Sibbes, *The Church's Riches by Christ's Poverty*, in *The Works of Richard Sibbes*, ed. A. B. Grosart, 7 vols. (Edinburgh: Banner of Truth, 1983), 4:523.

2 J. I. Packer, *A Quest for Godliness: The Puritan Vision of the Christian Life* (Wheaton, IL: Crossway, 1990), 126.

3 Jürgen Moltmann, *The Way of Jesus Christ: Christology in Messianic Dimensions*, trans. M. Kohl (Minneapolis: Fortress, 1993), 98. 同様に Graeme Goldsworthy, *The Son of God and the New Creation*, Short Studies in Biblical Theology (Wheaton, IL: Crossway, 2015), 43.

4 Thomas Goodwin, *The Heart of Christ* (Edinburgh: Banner of Truth, 2011), 61.

3　キリストの幸せ

「この方は、ご自分の前に置かれた喜びのために……」　ヘブル人への手紙12・2

トーマス・グッドウィンは、キリスト「ご自身の喜び、慰め、幸福、栄光は、……によって増し、拡大される」と書いています。

さて、あなたはこの文章をどのように完成させますか。

聖書的な答え方はいろいろありますが、ある面を高めて他の面を無視するという一面的なキリスト像には気をつけなければなりません。弟子たちがすべてを捨てて従うときイエスは喜ばれる、と言うことは正しいでしょう（マルコ10・21～23）。信仰者がわずかなことに忠実になることで、多くのことに忠実になる準備ができると、キリストが喜ばれるということは確かです（マタイ25・21、23）。イエスの父が神の真理を知的に優れた者よりも幼子のような者たちに啓示なさるというやり方を、イエスが喜んでおられると断言することができます（ルカ10・21）。

しかし、同じように聖書的な真理があり、私たちはキリストについて考えるときに、その真理を簡単に脇に置いてしまいます。クリスチャンは、キリストに耳を傾け、従うことがキリストの喜びとなることを直感的に知っていますが、私たちの欠点や失敗に、キリストの心と喜びそのものが新しいかたちで関わっているとしたらどうでしょうか。

グッドウィンは、このように文章を完成させました。キリスト「ご自身の喜び、慰め、幸福、栄光は、キリストがこの地上でご自身のからだの部分である者たちを赦し、安心させ、慰めることにおいて示される恵みとあわれみによって増し、拡大される」。[1]

＊　＊　＊

思いやりのある一人の医師がジャングルの奥地に赴き、伝染病に苦しむ原始的なある部族に医療を提供しました。医療機器を空輸し、問題を正確に診断し、抗生物質も用意してあります。裕福な医師であったため、いかなる金銭的な補償も必要ありません。しかし、治療を提供しようとすると、病人たちは拒否します。自分のことは自分でやりたい、自分たちのやり方で治したいと思っています。とうとう、数人の勇気ある若者が、自由に提供されるケアを受けるために名乗りを上げました。

医師は何を感じるでしょうか。

喜びです。この医師の喜びは、病人が助けと癒やしを求めてやって来るほどに増します。

それが彼がこの地に来た理由のすべてです。

ましてや病人が他人ではなく、自分の家族であれば、どれほどの喜びがあるでしょうか。

このことは私たちにも当てはまりますが、キリストにとっても同じです。私たちが苦悩や必要や空虚さを抱えて、新たな赦しを求めてやって来ても、キリストはうろたえたり、いらだったりしません。そこが重要なのです。それを癒やすためにイエスは来られたのです。死の恐怖の中に身を投じて向こう側まで突き進んでいったのは、ご自身の民に制限のないあわれみと恵みを与えるためです。

しかし、グッドウィンがここで言っているのは、もっと深い意味があります。私たちがご自身の恵みとあわれみを活用することをイエスが望んでおられるのは、ご自身の贖いのわざの正当性を示すためだけではありません。私たちがご自身の恵みとあわれみを活用することを望んでおられるのは、それこそがイエスのあり方だからです。イエスは人となること（受肉）で私たちに近づいて、ご自身の喜びと私たちの喜びが一緒に上下できるようになさいました。あわれみを与える際のイエスの喜びと、それを受け取る際の私たちの喜びがです。グッドウィンはさらに、私たちが助けやあわれみを求めてキリストのもとに来るとき、キリストは私たちが得るよりも多くの喜びと安らぎを得られると論じています。愛情深い夫が、自分が癒やされるよりも妻が癒やされることでより多くの安心と慰めを得るのと同じように、キリストは、私たちの罪がご自身の血の下に置かれているのを見るとき、「それが彼らに調達するよりも……多くの慰めをご自身にもたらす」[2]のです。

キリストを私たちの天の仲介者、つまり、私たちが神との親しい関係を楽しむことができない理由を取り除く方として考え、グッドウィンは次のように書いています。

キリストの栄光と幸福は、ご自身のからだの部分である者たちがキリストの死の贖いをますます自分の上に置くようになるにつれて、さらに大きくなり、増やされ〔ていく〕。彼らの罪が赦され、心がさらにきよめられ、霊が慰められるときもそうであり、キリストはご自身の労の実りを見ることになり、それによって慰められる。それによっていっそう栄光をお受けになり、それどころか彼ら自身にできるよりもはるかにこのことを喜んでくださっている。そしてこのことがキリストの心の中で、この世にいるご自身の子たちに対する、いつも彼らに水を与え、リフレッシュさせるための心遣いと愛を保つのである。[3]

つまり、苦悩と当惑と罪深さの中で、あわれみと愛と助けを求めてキリストのもとに来るとき、あなたはキリストご自身の深い願いの流れに沿っているのであって、逆らっているのではないということです。

私たちは、自分が困っているときに助けを求め、自分の罪のただ中であわれみを求めてイエスに近づくのは、何らかの形でイエスを遠ざけ、弱め、イエスを貧しくしていると考えがちです。しかし、グッドウィンはそうではないと主張します。「恵みの行いの実践において」イエスは私たちを驚かせ、また「ご自分のからだの一部である者たちのために善を行い続けることから……あわれみ、恵み、慰め、至福で彼らを満たすことから、彼らを満たすことによってご自身もさらに満たされるのである」[4]。真の神であるキリストは、これ以上満たされるようになることはありません。御父の不滅、永遠、不変の満たされた状態を御父と共有しています。それでも、真の人としてのキリストの心は、私たちがイエスのもとに来ることで消耗するのではなく、いっそう満たされるのです。

逆に言えば、私たちがためらい、暗闇に隠れて、恐れや失敗にとどまり続けるとき、私たち自身だけではなくキリストも、慰めが増していく機会を失うのです。キリストはこのために生きておられ、これがキリストの好んでなさることです。キリストの喜びと私たちの喜びは共に高まったり下がったりします。

しかし、これは聖書的なことでしょうか。

ヘブル人への手紙12章を考えてみましょう。そこでは、イエスが「信仰の創始者であり完成者」と呼ばれ、「この方は、ご自分の前に置かれた喜びのために、辱めをものともせずに十字架を忍び、神の御座の右に着座されたのです」（ヘブル12・2）と言われています。「喜びのため」、どのような喜びでしょうか。十字架の向こう側でイエスを待っていたのは何だったのでしょうか。

それは、ご自分の民が赦されているのを見る喜びです。

ヘブル人への手紙の全体のポイントを思い出してください。イエスはすべての大祭司を終わらせる最後の大祭司であり、民の罪を完全に覆うための最後の「完全に」必要な贖いのいけにえを捧げた方です（ヘブル7・25）。そして、ヘブル人への手紙12・2の最後で、イエスが神の御座の右に着座されたと言うときに、記者が何を意味しているかを思い出してください。ヘブル人への手紙の記者は他の箇所で、これが何を意味しているのかを明確にしています。

> 御子は罪のきよめを成し遂げ、いと高き所で、大いなる方の右の座に着かれました。（1・3）
>
> 以上述べてきたことの要点は、私たちにはこのような大祭司がおられるということです。この方は天におられる大いなる方の御座の右に座し、（8・1）

キリストは、罪のために一つのいけにえを献げた後、永遠に神の右の座に着き、（10・12）

これらすべての聖句において、イエスが神の右に座ることとは、イエスの祭司としての贖いの働きと関連しています。この祭司は、神と人間の間の橋渡し役でした。天と地を再び結びつけたのです。このことをイエスは、ご自身を捧げるというクライマックスである最後の犠牲によって成し遂げ、ご自分の民を決定的にきよめて、罪を取り除きました。ご自分の民が完全にきよめられるのを見るという喜びに満ちた期待が、イエスを逮捕、死、埋葬、復活へと向かわせたのです。今日、私たちがその贖いのわざにあずかり、赦しを求めてキリストのもとに行き、自分の罪深さにもかかわらずイエスと交流をもつとき、私たちはキリストご自身の深い願いと喜びをつかんでいるのです。

このことは、新約聖書の他の聖句にもつながっています。例えば、罪人が悔い改めたときの天の喜び（ルカ15・7）や、キリストの愛にとどまっている弟子たちの喜びがご自分の喜びと重なってほしいというイエスの願い（ヨハネ15・11、17・13）です。キリストは私たちがご自身の愛から力を引き出すことを望んでおられます。しかし、そうする資格があるのは、受けるにふさわしくない愛が必要であることを認めている罪人だけです。そしてイエスは、私たちが赦されることだけを望んでおられるのではありません。私たち自身を望んでおられるのです。イエスは、ご自身の最も深い願望をどのように語っておられるでしょうか。このようにです。「父よ。わたしに下さったものについてお願いします。わたしがいるところに、彼らもわたしとともにいるようにしてください」（ヨハネ17・24）

＊　＊　＊

私たちの信じない心は、ここで慎重に振舞います。キリストのあわれみを無条件に引き出すことは、傲慢な厚かましさではないのか。キリストに頼りすぎないように気をつけながら、慎重に、合理的に行動すべきではないだろうかと。

窒息しそうな子供の父親は、自分の子供に酸素タンクを慎重に、合理的に使ってほしいと思うでしょうか。

私たちの問題は、聖書が私たちをキリストのからだであると語っていることを真剣に受け止めていないことです。キリストは頭であり、私たちはキリストご自身の体の各部分です。頭は自分の身をどのように感じているでしょうか。使徒パウロは「それを養い育てます」と語っています（エペソ5・29）。それからパウロはこのことをキリストと明確につなげます。「キリストも教会に対してそのようになさるのです。私たちはキリストのからだの部分だからです」（エペソ５・29～30）。私たちは傷ついた体の一部をどのように手当てするでしょうか。看病し、包帯を巻き、守り、癒やしの時間をもたせるでしょう。その体の一部は、ただの仲間ではなく、私たちの一部だからです。キリストと信仰者たちも同じです。私たちはキリストの一部なのです。だからこそ、復活したキリストは、ご自分の民を迫害する者に「なぜわたしを迫害するのか」（使徒９・４）と尋ねるのです。

　イエス・キリストは、あなたが贖いのわざの豊かさの中から引き出すとき、慰められます。ご自身のからだが癒やされているからです。

原注

1　Thomas Goodwin, *The Heart of Christ* (Edinburgh: Banner of Truth, 2011), 107. シッブズも同様にこう述べている。「私たちにはキリストの豊かな供給に元気よく参加することで私たちの歓迎を示すことよりも、キリストを喜ばせることはできない。この方の恩恵にあずかることはその恩恵にとって名誉である。」Richard Sibbes, *Bowels Opened, Or, A Discovery of the Near and Dear Love, Union, and Communion Between Christ and the Church*, in *The Works of Richard Sibbes*, ed. A. B. Grosart, 7 vols. (repr., Edinburgh: Banner of Truth, 1983), 2:34.

2　Goodwin, *Heart of Christ*, 108.

3　Goodwin, *Heart of Christ*, 111–12.

4　Goodwin, *Heart of Christ*, 111. Felicity〔至福〕とは幸福を表す古い用語である。別の古い牧師が感動的にこう言い換えている。「わたしの脇腹に槍を刺したあの哀れな者に会ったなら、わたしの心臓を狙う別の方法が、もっと良い方法があると伝えよ。もし彼に悔い改める気があり、自分が突き刺した者を見て嘆く気があるならば。わたしは、彼が傷つけたその胸に彼を抱き大切にしよう。彼は、自分が流した血が、それを流した罪の十分な償いになることを知るだろう。また、わたしの血の提供を拒否することで、それを流れさせたときよりも多くの苦痛と不快をわたしに与えることになると彼に言っておいてほしい。」Benjamin Grosvenor, “Grace to the Chief of Sinners,” in *A Series of Tracts on the Doctrines, Order, and Polity of the Presbyterian Church in the United States of America*, vol. 3 (Philadelphia: Presbyterian Board of Publication, 1845), 42–43. この文献に注意を向けさせてくれたドリュー・ハンターに感謝する。

4　同情できる方

「私たちの大祭司は、私たちの弱さに同情できない方ではありません」

ヘブル人への手紙4・15

ピューリタンの本の書き方は、聖書の一節を取り上げ、そこから心に響く神学を探し出し、それから二、三百ページの所見を出版社に送るというものでした。トーマス・グッドウィンの『キリストの心』も同じです。そして、その書で取り上げられた聖句は、ヘブル人への手紙4・15です。

私たちの大祭司は、私たちの弱さに同情できない方ではありません。罪は犯しませんでしたが、すべての点において、私たちと同じように試みにあわれたのです。

グッドウィンは、キリストが天国におられても、地上におられたときと同じように、罪人や苦しむ人たちに心を開いて優しく抱き寄せてくださることを、意気消沈したクリスチャンたちに確信させることを使命としています。

一六五一年に出版されたこの本のオリジナルのタイトルページには、このことが反映されています。特に、「天上のキリスト」と「地上の罪人」との人目を引く並置に注目してください。

天上のキリストの
地上の罪人
あるいは今は栄光のうちにある人としての性質をもつキリストの
罪や悲惨さもあらゆる弱さの下にあるご自身のからだの各部分への
慈悲深い気質と優しい愛情、を
実証する論文

タイトルの最後の部分で、キリストの心とは、「慈悲深い気質と優しい愛情」であることを明らかにしています。グッドウィンは、復活して天で健在である主が、地上を歩いていたときよりも、近づきやすさや思いやりの面で劣っているわけではないという聖書的根拠を示して、読者を驚かせたいと考えています。

序章の後にグッドウィンは、この点を探るためになぜヘブル人への手紙4・15を選んだのかを説明しています。

このテキストを選んだのは、他のどのテキストよりもキリストの心を最もよく語っており、罪人に対する心の仕組みと働きを示しているからである。そして、その叙述は非常に理にかなったものなので、いわば私たちの手を取ってキリストの胸に置き、キリストが栄光の中にいる今でも、その心臓がどのように鼓動し、その愛情が私たちをどのように慕っているかを感じさせてくれる。このことばの目的は明らかに、今は天にいて信仰者たちに向けられているキリストの心を考察することから、落胆させうるすべてのものに対して信仰者を励ますことである。[1]

聴診器が心臓の鼓動の強さを物理的に聞こえさせるように、私たちの両手がキリストの深い愛情と切望の強さを感じるように、私たちの両手を取って復活した主イエス・キリストの胸の上に置いてくれる友人がいたら、それはどのようなものでしょうか。グッドウィンは、不思議に思う必要はない、その友人こそヘブル人への手紙4・15だと言っています。

＊　＊　＊

ヘブル人への手紙4・15のより広い文脈は理解しておく価値があります。少し後戻りして、その箇所全体は次のとおりです。

　さて、私たちには、もろもろの天を通られた、神の子イエスという偉大な大祭司がおられるのですから、信仰の告白を堅く保とうではありませんか。私たちの大祭司は、私たちの弱さに同情できない方ではありません。罪は犯しませんでしたが、すべての点において、私たちと同じように試みにあわれたのです。ですから私たちは、あわれみを受け、また恵みをいただいて、折にかなった助けを受けるために、大胆に恵みの御座に近づこうではありませんか。（4・14～16）

14節と16節にはそれぞれ、神についての教理に忠実であること（「信仰の告白を堅く保とうではありませんか」14節）と、神との交わりに自信をもつこと（「大胆に恵みの御座に近づこうではありませんか」16節）への勧めが書かれています。15節（前掲の文章の傍点部分）の冒頭の「というのは」〔新改訳2017では訳されていない。ESVなど英訳聖書参照〕ということばは、15

節が14節の基礎であることを表しています。そして16節の冒頭にある「ですから」は、15節が16節の基礎でもあることを示しています。言い換えれば、15節はこの箇所を固定する錨であり、前後の節がその意味を引き出しています。

この錨となる節の要旨は、イエス・キリストがご自身の民と全く連帯しておられるということです。私たちの自然の直観では、人生がうまくいっているとき、イエスは私たちの側にいて、私たちと共に存在し、助けてくださっています。このテキストでは、その反対のことが書かれています。イエスは「私たちの弱さ」にこそ同情してくださるのです。ここでの「同情する」を意味することばは、「共に」という意味の接頭辞（英語の co- という接頭辞のようなもの）を、「苦しむ」という動詞と一緒にした複合語です。ここで言う「同情」とは、冷静で離れたところからのあわれみではありません。それは、私たち自身の生活の中で、親子の間でのみ最も親密に繰り返されるような、深みのある連帯感です。しかも、それ以上に深いのです。私たちの痛みの中で、イエスは痛みを感じておられます。私たちの苦しみの中で、イエスはその苦しみがご自分のものではないにもかかわらず、その苦しみをご自分のものとして感じておられます。それはイエスのゆるぎない神性が脅かされているのではなく、イエスの人間性が私たちの悩みや問題と包括的に関わっているという意味でです。[2] イエスの愛は、ご自分の民が苦しんでいるのを見て、放っておけないのです。

ヘブル人への手紙の記者は、私たちの手を引いて、キリストの心の奥深くへと導き、イエスの抑制されない民との一体性を示しています。2章で、ヘブル人への手紙の記者は、イエスが「すべての点で兄弟と同じようにならされ」れたこと、「自ら試みを受けて苦しまれた」(ヘブル4・15に出てくる「試みを受ける/誘惑される」と同じギリシア語を使っています)ことを述べていました。

ただし、ヘブル人への手紙4・15で本当に問題となるのは、なぜイエスがご自身の民の痛みに寄り添っておられるのかについて語られている内容です。イエスは「私たちと同じように試みにあわれた(このことばは「誘惑された」という意味もあります)」、それだけではなく、「すべての点において」私たちと同じようにというのです。イエスがこのように私たちと密接に連帯してくださるのは、私たちが進んでいる困難な道が私たちだけのものではなく、イエスご自身がその道を歩まれたからです。医者が薬を処方するように、イエスが私たちの悩みを和らげてくださるというだけではなく、痛みの軽減より先に、同じ病気に耐えたことのある医者のように、困難の中で私たちと一緒にいてくださるということなのです。

イエスはゼウス[1]ではありません。罪のない人間であって、罪のないスーパーマンではありませんでした。髪に寝癖がつきました。十三歳でニキビがありました。男性向け健康雑誌の表紙を飾ることはなかったでしょう(イザヤ53・2に「私たちが慕うような見栄えもない」とあります）。イエスは普通の人として、普通の人々のところに来たのです。渇くこと、飢えること、軽蔑されること、拒絶されること、さげすまれること、恥をかかされること、見捨てられること、誤解されること、不当に非難されること、拷問されること、殺されることとは何かを知っています。ひとりぼっちであるとは何かも知っておられます。イエスの友人たちは、イエスが最も彼らを必要としていたとき見捨てました。もしイエスが今生きていたら、ツイッターのフォロワーやフェイスブックの友人たちは、イエスが三十三歳になったときに友だちとして登録されたリストから削除していたことでしょう。しかし、イエスは私たちを友だちのリストから削除したりなさいません。

　ヘブル人への手紙４・15の意味を理解するには、「すべての点で」と「罪は犯しませんでしたが」という二つのフレーズを同じだけ強く意識することです。私たちの弱さは、確かに人生のすべてには、罪に汚されています。もし罪が青い色だとしたら、私たちはたまに青いことを言ったりやったりするのではなく、言うこと、やること、考えることのすべてが青い色に染まっているのです。イエスはそうではありません。イエスに罪はありませんでした。「敬虔で、悪も汚れもなく、罪人から離され」た方でした（ヘブル７・26～27）。けれども「すべての点で」ということばの意味を薄めることなくイエスの罪のなさを保持するような方法で、このことばを熟考しなければなりません。強い誘惑や苦しい試練、当惑するような戸惑いの中に、イエスはおられました。実際、イエスの完全なる純粋さは、これらの痛みを私たち罪人には感じることのできないほど強烈に感じておられたことを示唆しています。

＊　＊　＊

あなた自身の人生のことを考えてみてください。

人間関係がうまくいかないとき、無意味感に襲われるとき、人生が通り過ぎていくように感じるとき、一度しかない大きなチャンスが手からすり抜けていったと感じるとき、感情の整理がつかないとき、長年の友人に失望させられたとき、家族に裏切られたとき、深く誤解されていると感じるとき、立派な人々から笑われたとき、つまり、世界の堕落が私たちに迫り、すべてを諦めたくなるとき、そこに、まさにそこに、そのような試練がどのような感じがするものかを正確に知っている真の友がいて、私たちのそばに座って、抱きしめてくださるのです。私たちと共に、連帯してくださるのです。

私たちには、人生が困難になればなるほど、孤独であることを直感的に感じる傾向があります。痛みの中に落ち込むにつれて、孤立感の中にますます落ち込んでしまいます。聖書はそんな私たちを正してくれます。私たちの痛みは、イエスご自身が共有してくださるものに勝ることはありません。私たちは決して一人ではありません。孤立しているように感じるその悲しみは、過去にイエスご自身が耐え、今はイエスが背負ってくださるものです。

14節にあるように、イエスは今、天に昇られました。しかし、それはイエスが私たちの苦しみから遠く離れているということではありません。15節は、グッドウィンが言うには、「キリストの心が、あらゆる……弱さのもとにある罪人に対して、どれほど感情込めて懸命に影響を受けているかを理解させてくれ」[3]ます。私たちの困難は、私たちが考え知っている以上に、キリストの深い感情を引き出します。

しかし、私たちの罪はどうでしょうか。私たちの罪による罪悪感と恥という最も刺々しい痛みの中では、イエスが私たちと連帯することはできないと落胆するべきでしょうか。いいえ、そうではありません。二つ理由があります。

一つ目の理由は、イエスに罪がないということは、私たちよりも誘惑をよく知っておられるということだからです。C・S・ルイスはこの点について、風に逆らって歩く人の話をしました。誘惑の風が強くなると、人はひれ伏し屈服してしまい、十分後にはどうなっていたのかわからなくなります。イエスは決してひれ伏すことなく、私たちのすべての誘惑や試練に耐え、屈することがありませんでした。ですから、私たちの誰よりも誘惑の強さを知っておられます。イエスだけがその代償を知っておられるのです。[4]

第二の理由は、私たちの唯一の希望は、私たちのすべての痛みを共有してくださる方が、純粋で聖なる方として共有してくださることです。私たちの罪のない大祭司は、助けを必要とする方ではなく、助けを提供してくださる方です。だからこそ、私たちは「あわれみを受け、また恵みをいただ」く(4・16)ためにこの方のもとに行くことができるのです。イエスご自身は私たちと一緒に罪という穴に閉じ込められているのではなく、イエスだけが私たちを引き出すことができます。イエスの罪のなさが私たちの救いなのです。けれどもここでは、キリストの働きに移っていくことにします。ヘブル人への手紙4・15とその箇所についてのトーマス・グッドウィンの著書の重要な点は、キリストの心です。そう、16節は「恵みの御座」について語っています。しかし15節は、恵みの心を私たちに明示しようとしています。イエスだけが、私たちを罪という穴から引き出すことができるだけでなく、中に入って私たちの重荷を背負いたいと願っておられるのです。イエスは同情することがおできになります。私たちと「共苦」してくださるのです。グッドウィンと同時代のジョン・オーウェンが言ったように、キリストは、「ご自身の心と愛情から、私たちに与えようとお考えになる。……助けと和らぎを……私たちの苦しみや試練の間中、仲間意識を感じて心を動かしておられる」[5]のです。

あなたがキリストにあるならば、あなたの悲しみの中で、天からの激励を投げ落とすだけですますことは決してしない友がいるのです。この方は遠くにとどまっていることに耐えられません。何もこの方を引き止めることはできないのです。この方の心はあまりにもあなたの心と結びついているのです。

原注

1　Thomas Goodwin, *The Heart of Christ* (Edinburgh: Banner of Truth, 2011), 48.

2　キリストの人間性（神性とは離れたものとしての）で、苦しみのうちにあるご自身の民に対して感じた連帯と具体的に関わっているものについては、特に以下を参照。John Owen, *An Exposition of the Epistle to the Hebrews*, in *The Works of John Owen*, vol. 25, ed. W. H. Goold (repr., Edinburgh: Banner of Truth, 1965), 416–28.

3　Goodwin, *Heart of Christ*, 50.

4　C. S. Lewis, *Mere Christianity* (New York: Touchstone, 1996), 126.〔邦訳はC・S・ルイス『キリスト教の精髄』柳生直行訳、新教出版社、一九七七年、二二二頁〕

5　John Owen, *An Exposition of the Epistle to the Hebrews*, in *The Works of John Owen*, vol. 21, ed. W. H. Goold (repr., Edinburgh: Banner of Truth, 1968), 422.

訳注

〔1〕古代ギリシアの主神。

5　優しく接することのできる方

「無知で迷っている人々に優しく接することができます」ヘブル人への手紙5・2

古代イスラエルでは、王が民に対して神を代表し、祭司は神に対して民を代表していました。王は民を治める権威を与えられ、祭司は民との連帯を与えられました。ヘブル人への手紙は聖書の中で、イエスが私たちの祭司、真の祭司、他のすべてが影であり、他のすべてが指し示す祭司であることの意味を伝えています。

イスラエルの祭司たちは、自身が罪深い存在でした。そのため、民の罪のためだけでなく、自分自身の罪のためにもいけにえを捧げる必要がありました。イスラエルの祭司は定義上罪人であるだけでなく、実質的にも明らかに罪人でした。例えばホフニとピネハス（Ⅰサムエル1～4章）のように、昔の祭司の中には、旧約聖書の中でもより凶悪な人物もいました。現代の私たちにも、古代イスラエル人と同様に祭司が必要です。神に対して私たちを代表する人が必要です。しかし、昔の祭司は、時に失望させたり、邪悪であったり、厳しかったりしました。

けれども、もし私たちの祭司が自身で私たちの弱さがどのように感じられるものかを知っていて、私たちに深く共感しながらも、自分自身は罪を犯したことがなく、自己満足や自己陶酔に陥ることのない心をもっていたとしたら、それは本当に私たちに優しく接することのできる祭司だと思いませんか。

＊　＊　＊

ヘブル人への手紙5章は、この本の前章で考察した考え方を続けています。前章ではヘブル人への手紙4章の終わりを見ました。そこでは、痛みや苦しみの中にあるご自身の民と連帯して、キリストの心が民に向かってどのように出ていくのかを考えました。そして、ヘブル人への手紙5・2では、キリストがご自身の民をどのように扱うかという、さらなる真理について考えます。キリストはこの人々に引き寄せられるのです。4・15ではキリストの祭司としての役割の「内容」が、5・2では「やり方」がわかります。

そして、その「やり方」とは？

「優しく」です。

5・2で「優しく接する」の根底にあるギリシア語は、4・15の「同情する」と共通の語源をもっており、ヘブル人への手紙の当時の聞き手や読み手は、翻訳聖書では見落とされていることの点に気づいたことでしょう。また、両方のテキストには、ギリシア語の動詞デュナマイがしかも同じ分詞形で繰り返し出てきます（〔ESVでは〕"able to" および "can" と訳語が違うので〔新改訳2017では「でき（ない）」と「ことができます」〕、このことにすぐには気づかないでしょうが）。また、「弱さ」についても繰り返し言及されています（これについては、この章の後半で触れます）。当時の聞き手が気づいていたであろう並行関係を感じ取ることができるように、この二つの語句を音訳してみることにします。

4・15　デュナメノン・シュムパセーサイ・トイス（「……に同情でき」）

5・2　メトリオパセイン・デュナメノス・トイス（「……に優しく接することができます」）

「できる人」「する能力のある人」を意味する「デュナメノン（デュナメノス）」ということばが繰り返し出てきますが、その語とともに、それぞれの節の主要な動詞に共通する語源に注意してください。そこには傍線を引いてあります。前章で、シュムパセーサイとは、私たちとの完全な連帯感から感じるという意味での「共苦」を意味することを述べました。このギリシア語は、英語の sympathy（シンパシー、同情、共感）に通じるものがありますが、その意味は、シンパシーから私たちが考えるより豊かなものです。さて5・2では、イエスがいかに私たちの偉大な大祭司であるかが説明されていますが、その中にメトリオパセインというギリシア語が出てきます。この動詞は新約聖書の中でここでのみ使われています。それの意味は、テキストで使われている意味の通り「優しく接する」です。接頭辞メトリオには自制や節度という意味があり、語根パセオーは情熱や苦しみを指しています。5・2のここでのポイントは、イエスが罪人と接するときに、お手上げだと諦めたりなさらないということです。落ち着いて、優しく、なだめ、自制しておられます。私たちに優しく接してくださるのです。

＊　＊　＊

イエスは誰に「優しく接する」のでしょうか。もちろんきっと、それなりの、たいしたことのない失敗をした人にでしょう。大きな罪を犯した人にはそれより厳しい対応が予約されているのではないでしょうか。

テキストを注意深く読むと、そのような結論にはなりません。「無知で迷っている人々に優しく接することができます。」無知な人と道に迷っている人とは、二種類の、よりましなほうの罪人、大罪人からは遮断されている者たち、ではありません。そうではなく、これはすべての人を含むことを意図しています。このヘブル人への手紙がどれほど豊かに、そして深く関連して旧約聖書から作り出されているかを考えてください。旧約聖書では基本的に二種類の罪があったことがわかります。無意識的と意識的、あるいは偶然と故意、あるいは民数記15章にあるように、気づかない罪と「故意の」罪（民数15・27〜31）でした。これは、ヘブル人への手紙の記者が考えていることとほぼ同じで、「無知な」は偶然の罪、「迷っている」は故意の罪を指しています。

つまり、ヘブル人への手紙5・2で、イエスが「無知で迷っている人々に優しく接することができます」と書かれているのは、イエスは、ご自分のもとに来るすべての罪人に対して、具体的な過失やその凶悪さに関係なく、柔和に、あくまでも優しく接するということです。[1] イエスの優しさを引き出すのは、罪の重さではなく、罪人がイエスのもとに来るかどうかなのです。私たちがどんな罪を犯したとしても、イエスは優しく接してくださいます。もしイエスのもとに来ないなら、その口から私たちに向けて出てくる両刃の剣のような激しい裁きを経験することになります（黙示録1・16、2・12、19・15、21）。しかし、イエスのもとに来るなら、私たちはイエスのライオンのような獰猛な裁きを受けるはずでしたが、子羊のようなイエスの深い優しさが私たちのためにあるでしょう（黙示録5・5〜6、イザヤ40・10〜11参照）。私たちは激しい裁きか深い優しさのどちらかに包みこまれることになります。イエスは誰に対しても中立であることはないのです。

以上のことが何を意味するか考えてみてください。私たちが罪を犯したとき、そのゴタゴタをイエスのもとに持っていくようにと勧められています。なぜなら、イエスは私たちをどのように受け入れるかを知っておられるからです。イエスは私たちを乱暴に扱いません。顔をしかめて叱ったりしません。多くの親がするように、ことばで攻撃することもありません。このように自制しておられるのは、私たちの罪深さを軽く見ているからではありません。私たちよりもはるかに私たちの罪深さをご存じなのです。実際、私たちは、自分を知ろうと最も努力しているときでさえ、自分自身の堕落や腐敗という氷山の一角にしか気づいていません。イエスの自制は、ただご自身の民に対する優しさから来ているのです。ヘブル人への手紙は、イエスが私たちを叱る代わりに、私たちを愛しておられることを伝えているだけではありません。イエスがどのような愛をおもちなのかを教えてくれています。高い所から恵みを分け与えるというより、私たちのところに降りてきて、私たちを御手で抱きしめ、私たちが必要とする方法で接してくださるのです。優しく接してくださるのです。

ヘブル人への手紙について書かれた最も重要な注解書は、おそらくジョン・オーウェンの著作です。現在、オーウェンの著作集は二十三巻ありますが、そのうち七巻はヘブル人への手紙を一節ごとに解説したものです。[2] 一六六八年に第一巻が、一六八四年に最終巻が出版され、約二十年かけて完成しました。この偉大なヘブル人への手紙の解説者は、ヘブル5・2が私たちに伝えようとしていることについて、何と述べているのでしょうか。オーウェンは、大祭司が「無知で迷っている人々に優しく接することができます」と言われているのは、次のような意味だと書いています。

子守する父親が乳飲み子を、泣いているからといって投げ捨てたりしないのと同じように、哀れな罪人を無知で迷っていることを理由に見放すことは〔でき〕ない。……大祭司はこうあるべきであり、イエス・キリストもそうである。あらゆる柔和さと優しさ、忍耐と節度をもって、ご自分の民の弱さ、罪、挑発に耐えることがおできになる。乳母や子守する父親が、哀れな乳児の……弱さに耐えるように。[3]

泣いている新生児の父親が、愛する我が子を脇に押しのけることができないように、イエスはあなたを脇に押しのける気にはなれません。イエスの心はあなたに引き寄せられるのです。イエスの愛情を天につないでおけるものはありません。イエスの心は忍耐する愛でいっぱいなのです。

さらに言えば、キリストの「柔和さと優しさ」、「忍耐と節度」は、キリストが誰であるかにとって周辺的あるいは付属的なものではありません。キリストの真の喜びがいたるところにあるのと同じように。まさにこの心遣い、いかなる罪人にもこのように優しく接することが、キリストにとって最も自然なことなのです。さらにオーウェンは、キリストは「私たちに接する中で、同情、忍耐、寛容以上に、ご自分の本質のうちの特質をより適切に、より完全に表現されることはない」[4]と述べています。つまり、イエスが私たちに「優しく接する」のは、イエスにとって最もふさわしく、自然なことなのです。

実際、私たちの罪の深さを考えれば、イエスがまだ私たちを見捨てておられないという事実は、イエスの最も深い衝動と喜びが忍耐強い優しさであることを証明しています。オーウェンは、大祭司によるこの優しい接し方について次のように述べています。「イエス・キリストに当てはめると、信仰者にとって最高の励ましと慰めである。もしご自身にこの気質が絶対的に十分にあるのでないならば、そしてすべての出来事に対してそうであるならば、イエスは私たちに満足せずに私たち皆を追い払わなければならないに違いない。[5]」これはオーウェン流の古風でぎこちない言い方で、次のように述べているのです。私たちの罪深さはあまりにも深いので、イエスからの生ぬるい優しさでは十分ではない。しかし、私たちの罪深さが深ければ深いほど、イエスの優しさも深まるのである。

＊　＊　＊

でも、なぜでしょうか。なぜキリストは私たちに優しく接してくださるのでしょうか。

みことばにはこう書かれています。「自分自身も弱さを身にまとっているので」

これはほとんどすぐに大祭司一般のことを指しています。そのことは、次の節で、大祭司は自分の罪のためにいけにえを捧げる必要があった（5・3）と述べていることからも明らかです。そしてイエスにはそうする必要がありませんでした（7・27）。しかし、その数節前の4・15には、イエスご自身は、「罪は犯しません」でしたが、「すべての点において、私たちと同じように試みにあわれた」ので「私たちの弱さに同情」できる（「弱さ」は5・2と同じギリシア語）と書かれているのです。イエスには罪が全くありませんでした。しかしこの堕落した世界で本当の人間として生きることを意味する罪以外のすべてのもの、すなわち、苦しみや試み、その他あらゆる種類の人間の限界という弱さを経験されました（2・14～18も参照）。イスラエルの歴史の中で、さまざまな大祭司は罪深い弱さをもっていました。大祭司であるイエスは、罪のまったくない弱さをおもちでした（Ⅱコリント13・4と比較）。

そのため、私たちの予想とは逆に、弱さや苦しみや試練の中に入っていけばいくほど、キリストとのつながりが深くなるのです。痛みや苦悩の中に落ちていくとき、私たちはキリストの心のさらに奥へと下っていくのであって、離れていくのではありません。

キリストに目を向けてください。キリストはあなたに優しく接してくださいます。それは、ご自身がご存じの唯一の方法なのです。キリストはすべての大祭司を終わらせる大祭司です。あなたが自分の罪だけに注意を向けているかぎり、どうしたら安全でいられるかわかりません。けれども、この大祭司に目を向けているかぎり、安全が与えられます。自分の内側に目を向けると天からの厳しさしか期待できませんが、外におられるキリストに目を向けるならば優しさだけを期待できるのです。

原注

1　オーウェンはこの点について特に優雅に議論している。John Owen, *An Exposition of the Epistle to the Hebrews*, in *The Works of John Owen*, vol. 21, ed. W. H. Goold (repr., Edinburgh: Banner of Truth, 1968), 457–61.

2　ここで言っているのは、Banner of Truth により発行された版のことである (Edinburgh, 1968)。オーウェンの著作の新しい校訂版が Crossway によって準備されつつあり、三十巻に及ぶことが計画されている。

3　Owen, *Works*, 21:455–56.

4　Owen, *Works*, 21:462.

5　Owen, *Works*, 21:454.

6　決して追い出さない

「わたしのもとに来る者を、わたしは決して外に追い出したりはしません」

ヨハネの福音書6・37

トーマス・グッドウィンやジョン・オーウェンは、博学で、教養があり、分析的で、世界最高の大学で活躍していましたが、ジョン・バニヤンはまったく違いました。バニヤンは貧しく、教育を受けていませんでした。世界の基準からすれば、バニヤンが人類の歴史に永続的な影響を与えるには状況が不利でした。それにもかかわらず主は、救いの歴史が展開する中で、脇に追いやられた者や見落とされた者にきわめて重要な役割をそっと与えるという働き方を喜ばれるのです。そしてバニヤンは、グッドウィンよりはるかに粗野な文体を通して、キリストの心を読者に明らかにするという能力をグッドウィンと共有しました。

バニヤンは『天路歴程』の著者として有名であり、これは聖書と並んで歴史上最も売れている本です。ただしほかにも五十七冊の本を書いており、中でも一六七八年に書かれた『イエス・キリストのもとに来て歓迎されよ（*Come and Welcome to Jesus Christ*）』は、とても愛らしい作品の一つで、本のタイトルの温かさが、この論文全体を表しています。典型的なピューリタンのスタイルで、バニヤンは聖書の一節だけを取り上げ、それについてじっくりと考察して一冊の本を書き上げました。その聖句はヨハネの福音書6・37です。ご自身が霊的に飢えている人に与えられるいのちのパンであると宣告する過程で（ヨハネ6・32～40）、イエスはこう宣言しておられます。

父がわたしに与えてくださる者はみな、わたしのもとに来ます。そして、わたしのもとに来る者を、わたしは決して外に追い出したりはしません。

これがバニヤンのお気に入りの聖句の一つであることは、著作の中で頻繁に引用していることからわかります。しかし、この特定の本ではこの聖句に焦点を絞り、あらゆる角度から見て、徹底的に調べ上げています。

この一節には、慰めとなる神学が山のように詰まっています。イエスが何と言っておられるかを考えてみましょう。

- 「みな……」、「ほとんど」ではありません。御父が迷える罪人に愛のまなざしを向けてくだされば、その罪人の救いは確かです。

●「父が……。」私たちが贖われるのは、怒りを抑えきれない父を恵み深い子がなだめようとすることではありません。御父ご自身が私たちの救出を定めておられるのです。御父が愛の主導権を握っておられます〔38節に注意〕。

●「与えてくださる……」、「交渉する」ではありません。御父は、扱いにくい反逆者たちを御子の恵みに満ちた世話に委ねることを心から喜んでおられます。

●「来ます……。」罪人に対する神の救いの目的は、決して妨げられることはありません。神は決して挫折しません。決して資源を使い果たしてしまわれることはありません。御父が私たちを呼ばれるならば、私たちは必ずキリストのもとに来るのです。

●「そして……来る者は誰であっても〔訳注・「誰であっても」はESV〕……。」ただし、私たちはロボットではありません。御父が私たちの贖いを主権をもって監督しておられることは明らかですが、私たちは自分の意志に反して、足をバタバタさせて悲鳴を上げながらキリストのところに引きずっていかれるわけではありません。神の恵みは、降りて行って私たちの願望をひっくり返すほど激しいものです。私たちの目は開かれ、キリストが美しくなります。私たちはキリストのもとに来ます。そして、誰でも――「誰であっても」――歓迎されます。キリストのもとに来て歓迎されましょう。

●「わたしのもとに来る……。」私たちは、一連の教理のもとに来るのではありません。

教会に来るのではありません。福音に来るのでさえありません。言うまでもなく、これらはすべて重要です。しかし、最も真実なのは、一人の方、つまりキリストご自身のもとに来ることなのです。

＊　＊　＊

バニヤンは以上のことすべてを、そしてさらに多くを引き出します。この本は全文を読む価値があります。[1]しかし、バニヤンにとって最も意味深い箇所は、彼が最も時間を費やして考察した、この節の最後のことばです。この書物の中枢では、私たちが生来もつキリストの心の奥底に対する疑念に立ち向かっています。バニヤンは、英欽定訳（「わたしのもとに来る者を」）を用いて、次のように書いています。

イエス・キリストのもとに来る者は、しばしば、イエス・キリストが自分たちを受け入れてくださらないのではないかと心底恐れている。

この観察は本文の中で示唆されている。私は、「決して追い出さない」という約束の大きさと開放性からそれを推測する。私たちの中に「追い出されることを恐れる」傾向がなかったとしたら、キリストは、「決して（in no wise）」というこの偉大で奇妙な表現によって、私たちの恐れを待ち伏せ攻撃する必要はなかった。

言ってみれば、もしやって来る罪人にそのような反論を認めて自らの魂をがっかりさせる傾向がなかったならば。このような約束が天の知恵によって作り出され、彼らの反論をすべて一言で打ち砕くことを目的としたような割合でことばにされる必要はなかったのである。

というのも、この「決して」ということばは、すべての反論を打ち砕くからである。そして主イエスがそれを口にしたのはまさにその目的のため、また疑いの入り混じった信仰を助けるためであった。そしてそれは、いわばすべての約束の挿話であり、いかなる反論もあなた自身の中に見られる疑いや無価値に影響を与えることはできず、そのようなことをこの約束は許さないのである。

しかし、私は大罪人だとあなたは言う。

「わたしは決して追い出さない」とキリストは言う。

しかし、私は年老いた罪人だとあなたは言う。

「わたしは決して追い出さない」とキリストは言う。

しかし、私は無慈悲な罪人だとあなたは言う。

「わたしは決して追い出さない」とキリストは言う。

しかし、私は逆戻りする罪人だとあなたは言う。

「わたしは決して追い出さない」とキリストは言う。

しかし、私はずっとサタンに仕えてきたとあなたは言う。

「わたしは決して追い出さない」とキリストは言う。

しかし、私は光に対して罪を犯したことがあるとあなたは言う。

「わたしは決して追い出さない」とキリストは言う。

しかし、私はあわれみに対して罪を犯したことがあるとあなたは言う。

「わたしは決して追い出さない」とキリストは言う。

しかし、私には持ってくる良いものがない、とあなたは言う。

「わたしは決して追い出さない」とキリストは言う。

この約束は、すべての反論に答えるために用意されたもので、実際に答えているのである。[2]

現代では「in no wise（決して）」という表現を使うことはありませんが、これは十七世紀の英語で、ヨハネの福音書6・37のギリシア語における強調的否定を捉えたものです。テキストは文字通りには、「わたしのもとに来る者を、わたしはしない――決して、いい、決して――外に追い出したり」となります。ギリシア語では今の場合のように、文学上の力強さを表すために否定語二つを重ねて使うことがあります。「わたしは絶対に、決して追い出さない」との表現になります。キリストが私たちを追い出すことはないというこの強調的否定を、バニヤンは「この偉大で奇妙な表現」と呼んでいるのです。

では、バニヤンのねらいは何でしょうか。

ヨハネの福音書6・37でのイエスの発言、『イエス・キリストのもとに来て歓迎されよ』の本、そしてその本の中心にある先の引用文、これらはすべて、キリストの心の忍耐強さで私たちを落ち着かせるために存在しているのです。私たちは「しかし、私は……」と言いますが、イエスは「わたしは決して追い出さない」と言われるのです。

堕落した不安な罪人は、イエスが自分たちを追い出す理由を感じ取る能力に際限がありません。私たちはキリストの愛に対する抵抗感をつねに作り出します。具体的な罪や失敗など追い出される明確な理由がないときでも、時間が経てばイエスが私たちにうんざりして、私たちと距離を置かれるのではないかという漠然とした不安をもち続ける傾向があるのです。バニヤンは私たちをよく理解しています。私たちにキリストの保証からそれる傾向があることを知っているのです。

「いや、待ってください」慎重にイエスに近づきながら、私たちは言います。「あなたはわかっておられない。私が本当にあらゆる方法で失敗しました」

わかっている、とイエスは答えられます。

「確かに、あなたはほとんどご存じです。間違いなく、他の人が見るよりも多くのことを。しかし、私の内側の底には、誰からも隠れているひねくれがあるのです」

それはすべて知っている。

「あの、実を言うと過去だけのことでなく、今もそうなのです」

理解している。

「しかし、近いうちにこの状態から抜け出せるかどうかわかりません」

まさにそんな人を助けるためにわたしはここにいる。

「荷は重く、いつも重くなっていきます」

ならば、わたしに運ばせなさい。

「重すぎて耐えられない」

わたしにはそうではない。

「あなたはわかっておられない。私の罪は他人に向けられたものではなく、あなたに対するものです」

ならば、わたしがその赦しを与えるのに最も適した者だ。

「でも、私のうちの醜さを知れば知るほど、すぐに私にうんざりされるでしょう」

わたしのもとに来る者を、わたしは決して外に追い出したりはしない。

＊　＊　＊

バニヤンは口をつぐませるような反抗で、イエスのもとに来ることに対して私たちが挙げる反論のリストを次のように締めくくります。「この約束は、すべての反論に答えるために用意されたもので、実際に答えているのである。」一件落着。私たちには、キリストが最終的にご自身の羊に心を閉ざしてしまう理由を提示することはできません。そのような理由は存在しないのです。人間の友人にはみな限界があります。もし十分に怒らせるなら、関係が十分に損なわれるなら、十分な回数裏切るなら、私たちは追い出されてしまいます。壁ができてしまうのです。しかしキリストとの関係では、私たちの罪と弱さこそ、キリストに近づく資格を与える履歴書項目なのです。要求されるのはキリストのもとに来ることだけです。まず回心したときに、その後、死によってキリストと共にいるようになるまで何千回もです。

私たちの中にキリストの心の忍耐力を疑う人がいるのは、罪のせいというよりも苦しみのせいでしょう。苦しみが積み重なるにつれて、感覚がなくなるにつれて、月日が経つにつれて、ある時点で「追い出されてしまった」という結論が明確なものに思えるのです。しかし、柔和でへりくだった救い主の心にうずめられている人にとって、人生はそのようなものになりませんよね。イエスは、痛みのない人生を送っている人は決して追い出さないとは言っていないのです。わたしのところに来る者は決して追い出されないと言っているのです。私たちに対するキリストの愛の心を決めるのは、人生が何をもたらすかではなく、私たちが誰に属するかです。

このような愛を享受するために必要なことは、キリストのもとに来ることだけです。中に入れてくださるようにお願いすることです。キリストは、「十分な悔いをもってわたしのもとに来る者」、「自分の罪を十分に反省してわたしのもとに来る者」、「努力を重ねてわたしのもとに来る者」とは言っていません。「わたしのもとに来る者を、決して追い出したりしない」とおっしゃるのです。

私たちの決意の強さは、イエスの善意を受け続けるための方式の一部ではありません。うちの二歳の息子ベンジャミンが、わが家の近くにあるゼロエントリープール〔1〕の緩やかなスロープに入っていくとき、本能的に私の手をつかみます。水が徐々に深くなっていく間、しっかりと握っています。しかし、二歳児の握力はそれほど強くありません。間もなく、息子が私をつかんでいるのではなく、私が息子をつかんでいることになります。息子の力に任せていると、私の手から滑り落ちてしまうでしょう。しかし、私がこの子を離すまいとつかんでいるならば、安全なのです。私から離れてみようとしても離れられません。キリストもそうです。確かに私たちはイエスにしがみついています。しかし、その握り方は、人生の荒波の中にいる二歳児のようなものです。しかし、キリストは決して手を離しません。詩篇63・8には、「私のたましいは あなたにすがり あなたの右の手は 私を支えてくださいます」と両面の真理が表現されています。

＊　＊　＊

永遠の保証つまり「一度救われたらいつも救われている」という教理は、栄光の教理、真の教理で、聖徒の永遠堅持（perseverance）と呼ばれることもあります。今話しているのは、その教理よりも深いものです。私たちは、より深く、キリストの心の忍耐性（perseverance）の教理まで来たのです。確かに、クリスチャンと公言している者がイエスに背を向け、本当の意味でキリストの中にいなかったことが証明されることもあります。けれども、一度キリストに結ばれた罪人は、何があっても引き離されることはないのです。しかし、これらの教理の骨格構造の内部で、キリストにおいて明らかにされている神のパッションとは何でしょうか。私たちの罪や苦しみが積み重なっていく中で、神にとって最も深く本能的なものとは何でしょうか。なぜ神の心は冷めないのでしょうか。その答えは、神の心です。御子の贖いのみわざは、御父によって決められ、御霊によって行われ、私たちが永遠に安全であることを保証します。ただしヨハネの福音書6・37のような聖句は、これが神の決定であるだけではなく神の願いであることを確信させてくれます。これは天の喜びなのです。わたしのもとに来なさい、とキリストはおっしゃいます。あなたをわたしの最も深いところに抱きしめて、決して離さない、と。

あなたがキリストにあるならば、自分に何が当てはまるかを考えたことがありますか。あなたが今もそして永遠にキリストの心に愛をこめて包まれることがないようにするには、キリストご自身が天から引きずり降ろされ、墓に戻されなければなりません。キリストの死と復活によって、キリストに属する者たちが何度堕落してもキリストが彼らを決して追い出されないことは正しいこととなるのです。ただし、キリストのこの働きを活気づけているのはキリストの心です。キリストは、ご自分の者たちが見捨てられるに最も値するときでさえ、彼らと別れることには耐えられません。

「しかし、私は……」

異議を唱えてください。「わたしのもとに来る者を、わたしは決して外に追い出したりはしません」というこの無敵のことばを脅かすことのできるものはありません。

イエスに結ばれた者にとって、イエスの心は借地ではなく、新しい永住地だからです。あなたは借り手ではなく、子供（家族）なのです。イエスの心は、じきに爆発する時限爆弾ではありません。現在の私たちの霊的な成果がどうであれ、イエスの心はイエスの臨在と慰めによって限りなく安心を与える緑の牧場と憩いの水なのです。イエスそのものなのです。

原注

1 Banner of Truth から以下のように単独で出版されている。*Come and Welcome to Jesus Christ* (Edinburgh: Banner of Truth, 2004). また以下にも掲載されている。Vol. 1 of *The Works of John Bunyan*, 3 vols., ed. George Offor (repr., Edinburgh: Banner of Truth, 1991), 240–99.

2 Bunyan, *Come and Welcome to Jesus Christ*, in *Works*, 1:279–80. ことば遣いを少々現代化した。

訳注

〔1〕水面が地面と同じ高さのプール。

7　私たちの罪が呼び起こすもの

「わたしの心はわたしのうちで沸き返り」

ホセア書11・8

地獄の恐ろしさや、終わりの日にキリストから離れていることがわかる者たちを圧倒する懲罰と義なる怒りの熾烈さを想像することは、おそらく不可能です。ここで「熾烈さ」というようなことばを使うと、神の怒りが制御できないものであるように、あるいは大げさに言っているように聞こえるかもしれません。しかし、神の中に制御できないものや不釣り合いなものはありません。

神の怒りが簡単に誇張されるものであるように感じるのは、罪の本当の重さを感じていないからです。マーティン・ロイドジョンズはこのことを熟考して、こう言いました。

あなたは自分に罪人であると感じさせることは決してない。なぜなら、自分の中には罪の結果としてあらゆる非難から常に自分を守ろうとする仕組みがあるからだ。私たちは皆、自分と非常に良い関係にあり、常に自分を正当化することができる。たとえ罪人であると自分に感じさせようとしてみても、絶対にそうならない。自分が罪人であることを知る方法はただ一つ、それは神についておぼろげな、かすかな概念をもつことである。[1]

言い換えれば、私たちは自分の罪のために、自分の罪の重さを感じないということです。もし自分の罪が、気づかれずにいたるところに広がっていく、不快なものであることをより深く明確に認識していたなら、そして、ロイドジョンズが先に述べているように、そのことを、神の美と聖さを見ると同時に見ることができて初めて、人間の悪には神の規模による厳しい裁きが必要であることを知ることでしょう。キリストの愛に満ちた心を深く感じているトーマス・グッドウィンのような人であっても、同じように「罪に対する御怒りが火である」とすれば、「地上のふいごでは……その炉を十分に熱くすることはできない[2]」と主張することに苦労していません。

また私たちは、キリストから離れた者を待ち受ける神の熾烈さをほとんど理解できないのと同様に、キリストにある者たちに今すでに置かれている神の優しさをほとんど理解できないのです。神の優しさを神の怒りと同じくらい強調することには、戸惑い、居心地の悪さ、あるいは罪悪感を覚えるかもしれません。しかし、聖書にはそのような不安感はありません。

ローマ人への手紙5・20、「罪の増し加わるところに、恵みも満ちあふれました」を考えてみてください。キリストにある者たちの罪悪感と恥は、キリストのあふれる恵みによって常に凌駕されています。私たちの考えやことば、行動が、私たちに対する神の恵みを少なくしているように感じるとき、それらの罪や失敗によって、かえって恵みは前方に押し寄せているのです。

ここで、福音という経済活動における犯すことのできない原則を見てみましょう。これまで、神の恵みについて、その必要性に応じて常に豊かに引き出されていることを述べてきました。しかし、純粋に言えば、恵みという「もの」は存在しません。ローマ・カトリックの神学では、恵みとは一種の蓄えられた宝物で、注意深く管理されたさまざまな手段を通してアクセスできるようになっています。しかし、神の恵みが私たちのところに来るのは、イエス・キリストが私たちのところにおいでになるのと同様で、それ以上でもそれ以下でもありません。聖書に基づく福音では、私たちは「もの」を与えられるのではなく、「ひと」を与えられるのです。

もっと深く掘り下げてみましょう。キリストを与えられたとき、私たちは何を与えられるのでしょうか。さらに言えば、もし私たちが、恵みは常に私たちの罪の中で引き出されるが、キリストご自身の中でのみ与えられるものであると語ることができるならば、私たちはキリストがどのような方であるかという重要な側面に直面することになります。それはピューリタンが好んで考察した聖書的な側面です。すなわち、私たちが罪を犯すとき、キリストの心そのものが私たちに引き出されるのです。

＊　＊　＊

私たちの中には、この考えに身をすくませる人もいるかもしれません。キリストが完全に聖なる方であるならば、必然的に罪から身を引かなければならないのではないかと。

ここで私たちは、キリストにある神がどのような方であるかについて、最も深遠な奥義の一つに入ります。聖さと罪深さは相反するものであるだけでなく、完全に聖なるキリストは、私たち罪深い者の誰よりも罪の恐ろしさと重さを知り、感じておられます。人の心が純粋であればあるほど、隣人が泥棒に入られたり殺されたりしていると思うと恐ろしくなります。逆に、心が汚れていればいるほど、周りの悪に影響されないものです。

この譬えをもう少し進めてみましょう。心が純粋であればあるほど悪に恐怖を感じるのと同じように、心が純粋であればあるほど、助けたり、和らげたり、守ったり、慰めたりするために自然に引き出されます。一方、堕落した心は無関心でじっとしています。キリストも同じです。キリストの聖さは、私たちの誰もが感じることができないほど、悪を嫌悪しています。しかし、その聖さこそが、助け、和らげ、守り、慰めるためにイエスの心を引き出しもするのです。ここでも、キリストのうちにある者とそうでない者との極めて重要な区別を心に留めておかなければなりません。キリストに属していない者にとって、罪は聖なる怒りを呼び起こすものです。道徳面で真剣な神が、そうでない反応をなさるはずがありません。しかし、キリストに属する者にとって罪は、聖なる切望、聖なる愛、聖なる優しさを呼び起こすものです。神の聖さに関する重要な聖句（イザヤ6・1～8）では、その神聖さ（6・3）は、赦しとあわれみ（6・7）の中へと自然に、そして即座に流れます。

そのことをグッドウィンは、結論としての一連の適用で著書『キリストの心』をしめくくる際に次のように説明しています。キリストご自身が私たち自身の罪や苦しみに痛みを感じておられることを踏まえて、私たちのものである「慰めと励まし」について考察し、こう書いています。

このような弱さには慰めがある。まさにあなたの罪が、この方を怒りよりも同情へと動かすからである……私たちの弱さの下で私たちと共に苦しんでおられるからであり、弱さとは、他の不幸だけでなく罪を意味する。キリストはあなたの味方であり、決してあなたを怒っておられず、怒りのすべてはあなたの罪に向けられて、それを滅ぼそうとする。確かに、この方の同情はますますあなたに向けられる。父の心が忌まわしい病気にかかった子供に向かうように、人の心がハンセン病にかかった自分の体の一部に向かうように、キリストが憎むのは体の一部ではなく——それはご自身の肉であるのだから——、病気であり、そのために病気にかかった部分をより一層気の毒に思うのである。キリストと私たちの両方に反する私たちの罪が、キリストが私たちにより同情する動機となるとき、私たちのためにならないものがあるだろうか。[3]

不幸が大きければ大きいほど、当事者が愛されるとき同情はより深くなる。さて、あらゆる不幸の中でも、罪は最も大きなものである。そしてあなたが罪をそのように見ている間、キリストもまたそのように見てくださる。あなた個人を愛し、罪だけを憎みながら、その憎しみをすべて、罪だけに落として、罪の破滅と破壊によってあなたを罪から解放するであろう。けれどもこの方の愛情はあなたに向けてさらに引き出されるであろう。あなたが他の苦難の下にいるときと同じく罪の下にあるときもそうである。それゆえ、恐れるな。[4]

グッドウィンはここで何を言っているのでしょうか。

もしあなたがキリストご自身のからだの一部であるならば、あなたの罪はキリストの最も深い心、共感と同情を呼び起こすのです。キリストは「あなたの味方であ」る、つまりあなたの側におられます。あなたの罪に敵対してあなたの味方であり、あなたの罪のためにあなたに敵対するのではありません。罪は憎んでおられます。しかし、あなたを愛しておられるのです。このことは、わが子を苦しめるひどい病気に対して父親が抱く憎しみを考えると理解できる、とグッドウィンは言っています。父親は子供を愛しながら病気を憎んでいます。確かに、あるレベルで病気の存在が父の心を子供へとより一層引き出しているのです。

これは、キリストのご自身の民への配慮の訓練的側面を無視することではありません。聖書は、私たちの罪がキリストの訓練を招くことを明確に教えています（例えばヘブル12・1〜11）。もしそれが本当でなければ、キリストは私たちを本当に愛してはいないでしょう。ただしこれも私たちに対するキリストの偉大な心を反映しているのです。体の一部が傷ついた場合、理学療法の痛みと労力が必要です。しかし、その理学療法は懲罰ではなく、治癒をもたらすことを目的としています。理学療法がなされるのはその手足を気遣ってのことなのです。

＊　＊　＊

この本の後半で旧約聖書の一連の聖句を見ていきますが、今その一つを考えてみましょう。

この聖句は、この章で考察してきたいくつかの要素をまとめ、イエスにおいて具体的な形をとっている神の心の奥へと連れていってくれるからです。ホセア書11章にはこう書かれています。

わたしの民は頑なに
わたしに背いている。
いと高き方に呼ばれても、
ともにあがめようとはしない。
エフライムよ。わたしはどうして
あなたを引き渡すことができるだろうか。
イスラエルよ。どうして
あなたを見捨てることができるだろうか。
どうしてあなたを
アデマのように引き渡すことができるだろうか。
どうしてあなたを
ツェボイムのようにすることができるだろうか。

わたしの心はわたしのうちで沸き返り、
わたしはあわれみで胸が熱くなっている。
わたしは怒りを燃やして
再びエフライムを滅ぼすことはしない。
わたしは神であって、人ではなく、
あなたがたのうちにいる聖なる者だ。
わたしは怒りをもっては来ない。（ホセア11・7〜9）〔1〕

ここには、この章でこれまでに提起されたすべての要素があります。神ご自身の民が、その罪深さの中にいることが、神の御心への言及とともに語られ、神の聖さが明確に肯定されています。そして、この箇所は何を結論としているのでしょうか。重要な点は、神の民の罪を考慮した上で、神の心が彼らに同情をもって臨むということです。

神は、ご自分の民が道徳的な汚れの中にいるのをすべて見ておられます。彼らはその強情さを時々ではなく何度も証明していますが、「わたしから目をそらすと決意している」（7節〔ESV〕）のです。これは確実な反抗心です。しかし、ここで重要なのは、彼らは神のものだということです。そこで神の内側では何が起こるのでしょうか。私たちはここを注意深く歩まなければなりません。神は神であり、私たち目に見える形をもつ被造物、ましてや目に見える形をもつ罪深い被造物のように、過ぎ去っていく感情に翻弄されることはありません。ではこの箇所は何を言っているのでしょうか。私たちは、神という存在のまさに中心を垣間見させられ、神という存在の内部にある深い感情の振動を見て感じるのです。神の心は、神の民に対するあわれみと同情で燃え上がっています。彼らを見放すことはできません。神に彼らを見捨てさせることのできるものはありません。彼らは神のものなのです。

　息子が大きな失敗をしたからといって、愛する息子を養子に出してしまう父親がいるでしょうか。

　神の超越性を強調するあまり神の感情面についての感覚を失うことで、神の名誉を傷つけないようにしましょう。私たち自身の感情は、たとえ堕落して歪んだものではあっても、神の感情面の模倣なのです。[5]神とは、プラトン主義的な理想、揺るぎなき厳しさをもち、人間が意味をもって関わることのできない存在、ではありません。神はすべての堕落した感情から自由ですが、感情（または気持ち）ならどんなものからも自由であるわけではありません。そもそも神のかたちに造られた私たち自身の感情は、どこから来るのでしょうか。

　この聖句には、神の民の罪を考慮して神は「あわれみで胸が熱くなっている」と書かれています。これが神の最も深い姿であることを誰が想像できたでしょうか。この節は、神の最高の聖さを、やがて怒りをもって来る神の拒絶と関連づけています。これを誰が考え出すことができたでしょうか。そして次のように書かれています。

わたしは神であって、人ではなく、
あなたがたのうちにいる聖なる者だ。
わたしは怒りをもっては来ない。

これは、あなたが予期していた神のことばでしょうか。実は心の底で次のように言われることを予期しているのではないでしょうか。ほんの少しことばを変えて。

わたしは神であって、人ではなく、
あなたがたのうちにいる聖なる者だ。
したがって、わたしは怒りをもって来る。

聖書によると、神がご自分の民の罪深さを見るとき、神の超越的な聖さ、すなわち神らしさ、神性そのもの、つまり私たちではない神の姿が、神が怒りをもって民の上に降りてくることのできない理由となっています。私たちは、神は神であり、私たちではないゆえに、神が聖なる方である事実は、ご自身の罪深い民に怒りを与えることをより確かなものにすると考えがちです。今一度、私たちは正されます。自分たち自身のかたちに神を作る生まれつきのやり方から解放されて、神が誰であるかを神ご自身に語っていただくのです。

＊　＊　＊

私たちは、キリストから離れた者に下される神の懲罰的な裁きを軽視して生きていきがちであるのと同じように、キリストにある者に下される神の慈愛の心を軽視して生きていきがちです。トーマス・グッドウィンやホセア書11章、そして聖書全体のストーリーの流れに、私たちは息をのみます。神に属する者の罪が、私たちへの神の同情の心の水門を開くのです。ダムは決壊します。神の愛を勝ち取るのは私たちの愛らしさではなく、私たちの愛らしくなさなのです。

私たちの心は、このことに追いついて驚きます。それは、私たちを取り巻く世界の動き方ではありません。私たち自身の心の動き方ではありません。しかし、私たちはへりくだって従い、私たちを愛してくださる条件を神に決めていただくのです。

原注

1　Martyn Lloyd-Jones, *Seeking the Face of God: Nine Reflections on the Psalms* (Wheaton, IL: Crossway, 2005), 34.

2　Thomas Goodwin, *Of Gospel Holiness in the Heart and Life*, in *The Works of Thomas Goodwin*, 12 vols. (repr., Grand Rapids, MI: Reformation Heritage, 2006), 7:194.

3　すなわち、私たちの利点や幸福とならないものがあるだろうか、ということ。

4　Thomas Goodwin, *The Heart of Christ* (Edinburgh: Banner of Truth, 2011), 155–56.

5　神学者たちは、聖書が神の感情面を語る方法を神人同感説（anthropopathism）と名付けた。これは、聖書が神の「手」を語るなど、文字通りに受け取ることはできない方法で人間の用語を使って神を語る神人同型説（anthropomorphism）と並行するものである。神人同感説は少しやっかいである。これは、神は私たちのような感情的な気まぐれな存在ではない、という事実を守ることを意味する。むしろ神は完全に完璧かつ超越的であり、私たち有限な人間のように状況によって左右されることはない。「無感覚（impassible）」なのである。同時に、聖書が神の内面を語る方法を（「神人同感説」といった用語で）抹消して、神をその民の幸福から切り離された基本的にプラトン主義的な力としてしまってはならない。ここで重要なのは、神の不意をつくことのできるものはなく、神の完全性と単純性を脅かすような影響を神の外から与えることのできるものはないが、神は契約関係を通して自由にご自分の民と関わり、その民の福祉のために純粋に関与しておられることを理解することである。もし神の「感情」という概念が役に立たないと感じるなら、代わりに（ピューリタンが説明したように）神の「愛情」、つまり罪を犯し苦しむご自身の民を受け入れる神の心の傾向を考えてみてほしい。神が無感覚でありながらも感情をもつこともできることをさらに探るには、Rob Lister, *God Is Impassible and Impassioned: Toward a Theology of Divine Emotion* (Wheaton, IL: Crossway, 2012) を参照。

訳注

〔1〕ＥＳＶ。９節後半は新改訳２０１７では「わたしは町に入ることはしない」。

8　完全に

「イエスは、いつも生きていて、彼らのためにとりなしをしておられる」
ヘブル人への手紙7・25

今日の教会で軽視されている教理の一つに、キリストの天のとりなしがあります。私たちはキリストのとりなしについて語るとき、イエスが今現在行っておられることについて語っています。キリストが私たちの救いのために、その生涯、死、復活において当時行われたことの栄光は目覚ましく回復されています。しかし今行っておられることはどうなのでしょう。私たちの多くは、自分たちにとって機能的なイエスは今、本当は何も行っておられないと思っています。自分が救われるために必要なことはすべて達成されていると考えがちです。

しかし、新約聖書に示されているキリストの働きはそうではありません。この章ではキリストの天のとりなしについて考える時間をもちます。それは、現代では無視されているからというだけでなく、キリストの心をユニークなかたちで反映しているキリストの働きの一部だからです。

とりなしとは何か、そして現代それが無視されていることを理解する方法として、義認の教理との関係で考えてみましょう。近年、この輝かしい教理について多くのことが書かれ、説教され、教えられていますが、それは当然のことです。義と認められるとは、神から見て正しいと宣言されることであり、神の法廷で法的に完全に免罪されることであり、他の人（イエス）が私たちの代わりに完全に行われたことに基づいています。しかし、私たちの心は、この完全な免罪を一瞬一瞬信じることから常に離れていくように配線されています。キリストがしてくださったことに基づく神の前での完全なる無罪放免に対するこのような心の抵抗は、中世に、そしてローマ・カトリックの神学で体系化されました。ルターやカルヴァンのような宗教改革者が義認の教理を回復して正しく再集中化し、それ以降のすべての世代は、この教理を自分自身で新たに再発見しなければなりませんでした。私たちが神と正しい関係にあると宣言されるのは、一度しっかりするようになったらではなく、一度くずおれて、自分には決してできないと素直に認めてからであるというのは、最も直観に反するキリスト教の側面です。

ただし義認は、おもにキリストが過去に行ったことについての教理であり、キリストの死と復活に根ざしたものです。「こうして、私たちは信仰によって義と認められた……」（ローマ5・1）のです。キリストは死んでよみがえられました。そして私たちはキリストに信仰をもっているので義と認められています。私たちにふさわしい死をキリストが死んでくださったからです。

しかし、キリストは今、何をなさっているのでしょうか。

推測する必要はありません。聖書が明らかにしています。私たちのためにとりなしてくださっていると。

義認は、キリストが過去に行われたことに結びついており、とりなしは、現在行っておられることなのです。

このように考えてみてください。キリストの心は、時間の中を流れる安定した実体です。地上にいたときはご自身の民のために心を躍らせていたが、天にいる今はその心が散ってしまったというのではありません。キリストの心は、十字架にかかるまでの間ずっとあわれみであふれていたが、今は冷めて、もう一度優しい無関心さの中に納まっているというのでもありません。キリストの心は、受肉した状態のときと同じように、今もご自身の民に引き寄せられています。そして、ご自身の民に対するキリストの心の現在の現れは、彼らのために絶えずとりなしをしてくださっていることです。

＊　＊　＊

とりなしとは何でしょうか。

一般的には、第三者が二人の間に入り、一方に対してもう一方の代わりに言い分を述べることを意味します。親が子供に代わって先生にとりなしたり、代理人がプロ選手に代わってスポンサーにとりなしたりすることを思い浮かべてください。

では、キリストがとりなすとはどういう意味でしょうか。関係者は誰でしょうか。一方は父なる神、もう一方は私たち信仰者です。しかし、なぜイエスが私たちのためにとりなす必要があるのでしょうか。私たちはすでに完全に義と認められているのではないでしょうか。キリストが私たちのために嘆願することがあるのでしょうか。すでに私たちを完全に無罪放免とするために必要なことをすべて行ってくださったのではないのでしょうか。言い換えれば、キリストの天のとりなしの教理は、十字架上の贖いのわざに何か不完全なものが残されていたことを意味するのでしょうか。もし私たちがキリストの十字架上での完成されたわざについて語るのなら、とりなしの教理は、十字架が実際には未完成のままであったことを示唆するのでしょうか。

答えは、とりなしは贖いが成し遂げたことに適用される、ということです。キリストが私たちのために現在天上でとりなしておられるのは、地上での働きの完全性と勝利と完成を反映したものであり、地上での働きに欠けているものは反映していません。贖いは私たちの救いを完成したのであって、とりなしは、その贖いのわざを一瞬一瞬適用しているものです。イエスは過去において、今語っている贖いのわざを行われ、現在は、そのとき行ったことについて語っておられます。新約聖書が義認ととりなしを結びつけているのは、このためです。ローマ人への手紙８・33〜34に、「だれが、神に選ばれた者たちを訴えるのですか。神が義と認めてくださるのです。だれが、私たちを罪ありとするのですか。死んでくださった方、いや、よみがえられた方であるキリスト・イエスが、神の右の座に着き、しかも私たちのために、とりなしていてくださるのです」とあるように。とりなしとは、天の法廷で私たちの義認が常に「更新」されていることなのです。

　さらに深く言えば、キリストのとりなしは、私たちの救いがいかに深く人格的なものであるかを反映しています。もし私たちがキリストの死と復活を知っていても、そのとりなしを知らなければ、自分の救いをあまりにも定型的な観点から見てしまいがちです。キリストが実際にどのような方であるかが、事実よりも機械的なことに感じられるでしょう。キリストが私たちのためにとりなしてくださるのは、キリストの心を反映しているのです。ご自分の民のために生を貫き、死に至るまで貫かれたその同じ心が、今では、私たちをいつも歓迎してくださるようにと御父に絶えず懇願し、思い出させ、説得することに表される心なのです。

　これは、御父が私たちを受け入れるのをいやがっておられるとか、御子が御父よりも私たちに対して愛情深い気質をもっておられるとかということではありません（このことに関しては14章で掘り下げます）。御子の贖いのわざは、御父と御子が永遠の昔に喜んで合意されたことなのです。御子のとりなしは、御父の冷たさではなく、御子の純粋な温かさを反映しています。キリストがとりなしてくださるのは、御父の心が私たちに対して冷めているからではなく、御子の心が私たちに対してとても満たされているからなのです。ただし、御父ご自身の最も深い喜びは、私たちのための御子の嘆願に「はい」と答えることです。

陸上競技会で、兄が弟を応援しているとします。最後の追い込みで弟が大きくリードし、確実にレースに勝つとわかっていても、兄は黙って満足して座っているでしょうか。そんなことはなく、兄は声を限りに励まし、肯定、祝い、勝利、団結を叫んでいます。静かにさせることはできません。私たち自身の兄も同じです。

ジョン・バニヤンは、キリストの天のとりなしについて、『完全な救い主キリスト（*Christ a Complete Savior*）』という一冊の本を書きました。ある箇所でバニヤンは、とりなしの教理がキリストの心に関することであると説明しています。私たちの救いには客観的な側面があり、バニヤンはそれを義認という観点から表現します。神が「私たちを義とするのは、私たちに律法を与えることによってでも、私たちの模範となることによってでもなく、私たちが何らかの点で神に従うことによってでもなく、私たちのために流されたご自身の血によってである。私たちに期待することによってではなく、私たちに与えることによって義とされる」[1]と。しかし、この福音の客観的な側面に加えて主観的な現実があり、それをバニヤンがどのように表現しているかに注目してください。

キリストを知り、キリストによって人がどのように義とされるかを知らなければならないように、キリストによって神のもとに来る者たちを受け入れ、彼らに必要なことを行う準備がキリストの中にあることを知らなければならない。キリストの功徳が〔完全に〕効力を発揮していたとしても、それらの功徳がやって来るべき者たちに与えられることを嫌う気持ちがキリストの中にあるとわかったなら、キリストを待ち望むための冒険はほとんどなされないだろう。しかし今、キリストは完全であり、自由である。ご自分の持っているものを無料で与えること以上に、貧しく困窮している者たちに与えること以上に、この方を喜ばせるものはない。[2]

たとえ私たちが義認の教理を完全に信じ、すべての罪が完全に赦されていることを知っていたとしても、キリストが厳格な救い主であれば、喜んでキリストのもとに来ようとはしないでしょう。しかし、天にいる今のキリストの姿勢、気質、心の底からの願いは、御父の前で私たちのために心を注ぎ出すことなのです。キリストのとりなしとは、私たちの心を御父の心につないでいるキリストの心です。

＊　＊　＊

バニヤンが『完全な救い主キリスト』の根拠としたヘブル人への手紙7・25は、新約聖書全体の中で、キリストのとりなしの教理に関しておそらく重要な聖句です。キリストの持続する、変わることのない祭司職について考察した後、記者はこう結論づけています。

したがってイエスは、いつも生きていて、彼らのためにとりなしをしておられるので、ご自分によって神に近づく人々を完全に救うことがおできになります。

「完全に」ということばは、ギリシア語では一つの単語（パンテレス）です。これは、包括性、完全性、徹底的な全体性を表すことばです。新約聖書でほかに使われている箇所はルカの福音書13・11だけで、まっすぐに立つことが「全く」できず、十八年前から体が不自由な女性を描いています。

キリストが「完全に」救ってくださるとは、どういうことなのでしょうか。自分の心を知っている私たちは理解できます。私たちは完全なる罪人です。完全なる救い主が必要なのです。

キリストは単に私たちを助けてくださるのではなく、救ってくださるのです。これは、私たちの中で主とともにしばらく歩んできた人には当然のことに思えるかもしれません。もちろん、イエスは私たちを救ってくださいます。しかし、あなたの心の動きを考えてみてください。あなたの中で、自分自身が貢献することでイエスの救いのみわざを強めたいという軽い衝動が絶え間なく続いていないでしょうか。私たちは、ヘブル人への手紙7・25に、イエスが「ご自分によって神に近づく人々の大部分を救うことがおできになります」と書かれているかのように行動しがちです。しかし、キリストがもたらす救いはパンテレスです。包括的なのです。ヘブル人への手紙7章の思考の流れの中で、救いのこの時間的側面に特別な焦点が当てられているように見えます。これまでの祭司たちがみな死んでしまった（23節）のとは違い、イエスは「変わることがない祭司職を持っておられ」、その中で「永遠に存在され」ます（24節）。だからキリストは「完全に救うことがおできにな」るのです。私たちが神の好意と神の家族の中に存在することは、エンジンのガス欠のように、スパッと終わってしまうことはありません。

誰の人生にもしばしば、神の赦しが届くと信じることが難しい小さな部分があります。自分は完全に赦されていると口で言い、自分の罪が赦されていると心から信じています。だいたいはそうです。けれども私たちの人生には、現在の人生にも、深くて暗い部分が一つあって、とても手に負えない、とても醜い、とても回復できないように見えます。ヘブル人への手紙7・25の「完全に」の意味は、神の赦し、贖い、回復の手が、魂の最も暗い裂け目にまで、最も恥じ、最も打ち負かされているそのようなところにまで届くということです。さらに言えば、そのような罪の裂け目はそれ自体、キリストが私たちを最も愛していてくださるところなのです。キリストの心は進んでそこへ行きます。キリストの心はそこに最も強く引き寄せられます。キリストの心は完全に私たちに引き寄せられているので、私たちを完全にご存じで、完全に救ってくださいます。私たちの罪はキリストの優しい配慮から逃れることはできないのです。

でも、どのようにしてそれがわかるのでしょうか。聖句にこう書かれています。「イエスは、いつ、いつも生きていて、彼らのためにとりなしをしておられるので、ご自分によって神に近づく人々を完全に救うことがおできになります。」キリストの天のとりなしこそが、私たちをどこまでも、完全に救ってくださるとわかる理由なのです。

つまり、神なる御子は、贖いをもたらすご自身の命、死、復活を御父の前に刻々ともたらすことを決してやめません（「いつも」ということばに注目してください）。カルヴァンはこう書いています。「キリストは、御父の目をご自身の義に向けさせて、私たちの罪から視線をそらす。御父の御心を私たちと和解させるので、そのとりなしによって私たちのために御父の御座への道と権利を用意してくださる。[3]」私たちはこの意味を理解しているでしょうか。聖書の祝福に満ちた現実主義に注目してください。これは、私たちクリスチャンは継続的な罪人であることを明確に認めています。私たちがこの地上で失敗し続けているからこそ、キリストは天で私たちのためにとりなし続けてくださるのです。キリストは、十字架の上でのみわざによって私たちを赦し、その後は私たちがうまくやっていくことを願っておられるのではありません。飛行機に引っ張られて空を飛ぶグライダーを想像してみてください。まもなく飛行機から離されて、地上に降りてきます。私たちはそのグライダーで、キリストは飛行機です。ただし決して私たちを離しません。手を離さず、私たちの無事を願い、残りの道を私たちが天に向かって滑空することを望んでおられます。私たちをずっと運んでくださるのです。

では、キリストのとりなしを考える一つの方法は、簡単に言えば、「イエスは今、あなたのために祈っておられる」ということです。神学者のルイス・ベルコフは、「私たちが祈りの生活を怠っているときも、キリストが私たちのために祈ってくださっているというのは、慰めになる考えである[4]」と書いています。私たちの祈りの生活はほとんどの場合、ひどいものです。しかし、もし隣の部屋であなたのために声を出して祈っているイエスの声を聞いたらどうでしょうか。これほど私たちの心を落ち着かせるものはないでしょう。

＊　＊　＊

キリストの現在の天のとりなしの教理は、今日では軽視されていますが、非常に残念なことです。なぜなら、それは慰めとなる真理であり、キリストの心から流れ出ているものだからです。贖いの教理は、キリストが過去に行われたことで私たちを安心させるものですが、キリストのとりなしの教理は、キリストが現在、天上で行っていることで私たちを安心させるものです。

もしキリストのうちにいるならば、あなたにはとりなし手、現在の仲介者、すなわちあなたを共に心の底から抱きしめることができる豊かな理由を御父と一緒に喜んで祝っておられる方がいるのです。リチャード・シッブズは次のように書いています。

今、私たちのすべての訴訟において大胆さを与えられるために日ごとに神に近づく際に何という慰めだろう。神が愛し、その魂が喜ぶ方の名において私たちが神に向かうとは。私たちのために法廷に友が、天に友がいてくださるとは。その方は神の右手にいて、そこで私たちのために間に入ってくださり、私たちのすべての訴訟において私たちを受け入れられる者とし、私たちの祈りに香りをつけて受け入れられるものとしてくださる。……それゆえ、神に対するすべての訴訟において、必ず私たちの兄を連れて行きなさい。……神は、私たちがこの方に属する者であることから、この方にあって愛らしい者として私たちを見て、私たちを喜んでくださる。[5]

私たちの罪は完全にまで達します。しかし、神の救いも完全にまで達するのです。そして、その救いは常に私たちの罪を凌駕し、圧倒します。なぜなら、キリストはいつも生きていて私たちのためにとりなしてくださるからです。

原注

1 *The Works of John Bunyan*, ed. George Offor, 3 vols. (repr., Edinburgh: Banner of Truth, 1991), 1:221.

2 *Works of John Bunyan*, 1:221.

3 John Calvin, *Institutes of the Christian Religion*, ed. John T. McNeill, trans. Ford L. Battles, 2 vols. (Louisville, KY: Westminster John Knox, 1960), 2.16.16.

4 Louis Berkhof, *Systematic Theology* (Edinburgh: Banner of Truth, 1958), 400.

5 Richard Sibbes, *A Description of Christ,* in *The Works of Richard Sibbes*, ed. A. B. Grosart, 7 vols. (Edinburgh: Banner of Truth, 1983), 1:13.

9　擁護者

「私たちには、御父の前でとりなしてくださる方、義なるイエス・キリストがおられます」

ヨハネの手紙第一２・１

　とりなしと密接な関係にあるのが擁護という概念です。この二つの考え方は重なり合っていますが、それぞれの基礎となるギリシア語の単語には少し異なるニュアンスがあります。とりなしは、二者の間を仲介し、両者を結びつけるという考えです。擁護はそれに似ていますが、自分を他の人に合わせるという考えをもっています。とりなし手は二者の間に立ち、擁護者は単に二者の間に立つのではなく、一方に歩み寄りながら、もう一方に近づいてそこに加わるのです。イエスは、とりなし手であるだけではなく擁護者でもあります。そしてとりなしと同様に、擁護は今日の教会で無視されている教えであり、キリストの心の奥底からまっすぐに流れるものです。

　バニヤンは、キリストの天のとりなしの鍵となる聖句であるヘブル人への手紙７・25について の本を書きましたが、キリストの天の擁護の鍵となる聖句であるヨハネの手紙第一２・

1についての本も書きました。その聖句には次のように書かれています。

私の子どもたち。私がこれらのことを書き送るのは、あなたがたが罪を犯さないようになるためです。しかし、もしだれかが罪を犯したなら、私たちには、御父の前でとりなしてくださる方（訳注・ESVでは「御父に対する擁護者」）、義なるイエス・キリストがおられます。

新約聖書の恵みのメッセージは、道徳に無関心ではありません。福音は罪から離れるよう招いています。ヨハネは、読者が「罪を犯さない」ためにこの手紙を書いたとはっきり言っています。そしてもしこれがこの手紙の唯一のメッセージであるなら、妥当で適切な勧告でしょう。しかし、それでは私たちが押しつぶされてしまいます。私たちに必要なのは熱心な勧めだけではなく、解放です。必要なのは王としてのキリストだけではなく、友としてのキリストです。上から支配するだけではなく、隣にいてくれる存在です。そして、この節の後半の部分はそれを与えてくれるのです。

しかし、もしだれかが罪を犯したなら、私たちには、御父の前でとりなしてくださる方、義なるイエス・キリストがおられます。

＊　＊　＊

ヨハネの手紙第一２・１で「擁護者（とりなしてくださる方）」と訳されているギリシア語（パラクレートス）は、新約聖書で五回使われています。残りの四回は、すべてヨハネの福音書14～16章の二階の客間での講話の中にあり[1]、いずれもイエスが天に昇った後の聖霊の働きに言及しています（14・16、26、15・26、16・7）。パラクレートスの意味をたった一つの語でとらえるのは難しいことであり、その難しさは「助け主」（ESV、NKJV、GNB、NASB）、「擁護者」（NIV、NET）、「助言者」（CSB、RSV）、「慰め主」（KJV）、「同伴者」（CEB）など、多様な訳があることに反映されています。これらの訳の多くは、別の訳語を記した脚注を含んでおり、パラクレートスを一つの単語で表現することの難しさを反映しています。意味するところは、誰かの代わりに出頭する別の誰かです。パラクレートスの役割を表現する単語で最も近いのは、おそらく「擁護者（advocate）」と思われます（テルトゥリアヌスやアウグスティヌスなど、ラテン語で書いていた初期の神学者は、新約聖書のパラクレートスをしばしば advocatus と訳しています）[1]。

ヨハネの手紙第一のこの本文は続いてすぐに、イエスが「私たちの罪のための……宥めのささげ物」（Ⅰヨハネ２・２）でもあると述べます。「宥めのささげ物」としてのイエスは、私たちの罪に対する御父の正義の怒りを和らげる、またはそらすことを意味します。これは法律用語であり、客観的なものです。私たちの擁護者としてのキリストは、法的な意味合いをわずかにもっているかもしれませんが、新約聖書以外の初期の文献ではより頻繁に、深い連帯感を表す、より主観的なものと関わりがあります。イエスは、私たちの実際の経験を共有してくださいます。私たちが感じることを感じておられます。私たちに近づいてくださいます。そして、私たちに代わって切々と語ってくださるのです。

これは誰のための擁護者でしょうか。聖句によれば、「誰でも〔新改訳２０１７では「だれか」〕」です。必要な条件は、私たちが願うことだけです。

この擁護をいつ、私たちは受けるのでしょうか。聖句には、「私たちは擁護者をもつことになる」ではなく、「私たちには擁護者がいる」と書かれています。キリストにあるすべての人には、今、自分に代わって話してくださる方がいるのです。

この擁護者は、なぜ私たちを助けることができるのでしょうか。この聖句が教えています。すなわち、「義なる」方だからです。この方が、そしてこの方だけが、です。私たちは不義であり、この方は義です。どんなに一生懸命自分の罪を悔い改めても、さらなる罪に悩まされ、さらなる赦しを必要とします。擁護者なしで御父のもとに行くことは絶望的です。私たちが来るのを待っているのではなく、来て私を探し出してくださる方、私が義ではないあらゆる面で義である方、このような擁護者と結ばれていることこそ、御父の前での平安と確信なのです。

＊　＊　＊

ヘブル人への手紙7・25とヨハネの手紙第一2・1の違いに注目することで、キリストのとりなしと擁護の違いをより深く見てみましょう。ヘブル7・25には、キリストはいつも生きていて私たちのためにとりなしをしてくださると書かれていますが、Ⅰヨハネ2・1には、「もしだれかが罪を犯したなら、私たちには擁護者がいます」と書かれています。

この違いがわかりますか。とりなしは、キリストが常に行っておられることであり、擁護は、必要な時にキリストが行われることです。私たちの一般的な罪深さを考えれば、キリストは私たちのためにとりなしてくださっているように見えますが、しかし、特定の罪の場合には、私たちのために擁護してくださいます。バニヤンは次のように説明しています。

キリストは祭司として前に行き、キリストは擁護者として後ろに来られる。キリストは祭司として絶えずとりなし、キリストは擁護者として大きな違反の場合に嘆願してくださる。

キリストは祭司として常に行動する必要があるが、キリストは擁護者として時々しか行動されない。

キリストは祭司として平穏な時に行動するが、キリストは擁護者として喧嘩や騒動、激しい論争の時に行動してくださる。したがって、キリストは擁護者として、私が言うところの予備であり、するとこの方の時とは、ご自分の者たちが最近陥った汚い罪を身にまとっているときに、立ち上がって嘆願するためなのである。[2]

キリストの擁護の人格的な性質に注目しましょう。それはキリストのわざの静的な部分ではありません。キリストの擁護は、必要な時に現れます。私たちが救われてキリストといったん結ばれると、悲しむべき罪が過去のものになるとは聖書のどこにも教えられていません。逆に、再生した状態では、自分の罪が不適切であることをより深く感じ取っているのです。信仰者になってからのほうが、罪をはるかに罪深いと感じます。そして、それは自分の罪深さを感じるだけのことでなく、信仰者になった後も、私たちは実際に罪を犯し続けているのです。大きな罪を犯すこともあります。そして、キリストの擁護はそのためのものです。それは、私たちが降参してしまわないように神が私たちを励ましてくださるやり方です。確かに、私たちはキリストの弟子として失敗します。キリストの擁護は、私たちの失敗よりも大きな声で語ります。すべての面倒を見てくれるのです。

あなたが罪を犯すとき、キリストのみわざのゆえに神の前に法的地位を得たことを思い出してください。ただし同時に、キリストの心のゆえに神の前に自分の擁護者がおられることも思い出してください。キリストは、ご自身の苦しみと死の功績に基づいて、立ち上がってあなたの件を擁護してくださるのです。あなたの救いは、単に救いの方式の問題ではなく、救いの人の問題なのです。あなたが罪を犯すと、その方の決意の強さはいっそう高まります。ご自身の兄弟姉妹が失敗しつまずくと、彼らのために擁護してくださいます。それがご自身のあり方だからです。私たちに自分で自分の面倒を見させておくことには耐えられないのです。

＊　＊　＊

あなた自身の人生を考えてみてください。あなただけが知っている、あなたの人生の暗い部分に対するイエスの態度について、どう思いますか。アルコールに依存しすぎていること。何度もキレてしまうこと。財源に関して怪しい商売。人には優しさに見えても自分では人間を恐れているとわかっている、常習的な人を喜ばせる行為。陰で非難することで爆発させる凝り固まった恨み。ポルノグラフィの常用。

　これら霊的な空白の瞬間でのイエスとは、いったいどんな方なのでしょうか。いったんその罪を克服した場合のイエスはどんな方か、ではなく、そのただ中でのイエスはどんな方なのでしょうか。使徒ヨハネは、イエスは立ち上がって、すべての告発者に反抗してくださると言っています。「サタンは最初のことばをもっていたが、キリストは最後のことばをもっていた」とバニヤンは書いています。「サタンは、私たちの擁護者の嘆願の後では、ことばを失うに違いない。[3]」イエスは私たちのパラクレート（擁護者）、私たちの慰めとなる防衛者、私たちが知っている以上に近くにおられる方です。そして、その心は、私たちが罪を克服した後ではなく、罪を犯したときに私たちを守るために立って話してくださるものです。その意味で、イエスの擁護は、私たちが罪を克服することそのものなのです。

　私たちは確かに罪を捨てるように召されており、健全なクリスチャンである限り、そう勧められます。罪を犯すことを選ぶとき、私たちは神の子としての真のアイデンティティーを捨て、人生に不幸を招き、天の御父を不愉快にします。私たちは、主と共に歩む中で、より深いレベルの個人的な神聖さ、より真の奉献、従順の新たな展望へと成熟するように召されています。しかし、そうしないとき、罪を犯すことを選ぶとき、私たちは真のアイデンティティーを捨てますが、救い主は私たちを見捨てません。このような時こそ、天での新たな擁護の中で、私たちのために救い主の心が爆発するのです。それに伴って鳴り響く弁護の声が、すべての非難を黙らせ、天使たちを驚かせ、私たちの乱雑さにもかかわらず御父が私たちを受け入れてくださったことを祝うのです。

この教理はどのようなクリスチャンを生み出すのでしょうか。

堕落した人間は、自然に自己擁護をします。それは私たちから流れ出てきます。自己免罪、自己弁護です。幼い子供たちが悪さをしているのを見つけたときに、言い訳をするように教える必要はありません。直ちに始動して、本当に自分のせいではないと説明するメカニズムが生まれつき組み込まれているのです。堕落した私たちの心は、自分の場合はそれほど悪くないという理由を直感的に作り出します。堕落は、私たちが罪を犯すことだけでなく、罪を犯したときの私たちの反応にも現れます。私たちは最小化し、弁解し、言い逃れます。要するに、たとえ心の中でだけだとしても、自分を弁護するために話すのです。自分を擁護するのです。

もし、他の人が擁護を引き受けてくれたから、自分で擁護する必要がないとしたらどうでしょうか。その擁護者が、私たちがどれほど堕落しているかを熟知していて、しかも私たちができる以上に擁護できるとしたら？　私たちの自己弁護の方法となりがちな責任転嫁や言い訳はいっさいなく、私たちの代わりに十字架の上でご自身がささげた全く十分な犠牲と苦しみを完全にただ指し示しているとしたら？　私たちは自由になります。自分を弁護したり、自己貢献で自分の価値を高めたり、自分の劣っている部分や弱さを無意識のうちに痛いほど気づいていながらも、他人の前で自分の美点を静かに誇示したりする必要がなくなるのです。自分の主張を唯一の義なる方であるキリストに委ねることができます。

そのことをバニヤンは次のように最もじょうずに説明しています。

キリストは私たちのために血の代価を与えたが、それですべてではない。大将としてのキリストは私たちのために死と墓を征服したが、それですべてではない。祭司としてのキリストは天で私たちのためにとりなしているが、それですべてではない。罪はまだ私たちの中に、私たちとともにあり、私たちのすることが宗教的であろうと世俗的であろうと、私たちのすることすべてに罪が混じっている。私たちの祈りや説教だけでなく、私たちの家、店、取引、ベッドもすべて罪で汚染されているからである。

また、私たちの昼夜の敵である悪魔も、私たちの御父に私たちの悪行を告げることをがまんせず、このことのゆえに私たちは永遠に勘当されてもよいと主張する。

しかし、もし私たちに擁護者がいなければ、今何をすべきだろうか。そう、もし嘆願してくれる方がいなければ、そして私たちのために忠実にその職務を遂行してくれる人がいなければ。死ぬしかないだろう。

しかし、私たちはその方によって救い出されたのだから、自分については、手を口に当てて、沈黙しよう。[4]

自分の罪を小さく見たり、言い訳ですましたりしてはいけません。防衛力を上げてはいけません。ただ、すでに御父の右の座にいて、ご自分の傷に基づいてあなたを擁護してくださる方に任せましょう。すべての暗闇と絶望の中で自分自身の不義によって、ご自身の明るさと充足の中におられる義なる方イエス・キリストのもとへ追いやられましょう。

原注

1　F. W. Danker, ed., *A Greek-English Lexicon of the New Testament and Other Early Christian Literature*, 3rd ed. (Chicago: University of Chicago Press, 2000), 766.
2　John Bunyan, *The Work of Jesus Christ as an Advocate*, in *The Works of John Bunyan*, ed. G. Offor, 3 vols. (repr., Edinburgh: Banner of Truth, 1991), 1:169.
3　Bunyan, *Works of John Bunyan*, 1:194.
4　Bunyan, *Works of John Bunyan*, 1:197.

訳注

〔1〕ルカ22・12、マルコ14・15。

10　キリストの心の美しさ

「わたしよりも父や母を愛する者は、わたしにふさわしい者ではありません」
マタイの福音書10・37

一七四〇年の夏、ジョナサン・エドワーズは、会衆の中の一歳から十四歳までの子供だけに向けて、ある説教をしました。この偉大な神学者が、マサチューセッツ州ノーサンプトンの書斎で準備をしながら、教会にいる六歳、八歳、十歳の子供たちに何を言うべきか考えている姿を想像してみてください。彼が準備した説教は、十二枚の小さなページに、繊細で花のような手書きの文字で書かれていました。一ページ目の上部には、「一七四〇年八月、子供たちへ」とだけ書かれていました。

アメリカ史上最も偉大な神学者が、会衆の中の子供たちに向かって何を語るのだと思いますか。ここにエドワーズの主旨が書かれていました。「子供たちは、この世のすべてのものに勝って主イエス・キリストを愛するべきである」[1]と。

彼はマタイの福音書10・37をテキストとし、彼が使っていた英欽定訳では「わたしよりも父や母を愛する者は、わたしにふさわしい者ではありません」〔訳注・この本の原書が用いているESVでは「わたしよりも父や母を愛する者はだれでも……」〕と書かれていました。この説教は、おそらく十五分か二十分の短いものでした。その中でエドワーズは、子供たちが人生の中で何よりもイエスを愛するべき六つの理由を挙げています。第一はこうです。

キリストの心の中にある愛ほど、偉大で素晴らしい愛はない。キリストはあわれみをもって喜ぶ方で、苦しみや悲しい環境の中にある者をあわれむ用意があり、ご自分の被造物の幸福を喜ぶ方である。キリストが示された愛と恵みは、太陽がロウソクよりも明るいように、この世にあるすべてのものを超えている。親はしばしば子供に対して親切に満ちているが、イエス・キリストの親切のような親切はない。

ジョナサン・エドワーズが教会の子供たちに、この世が提供できる他のすべてのものよりもイエスを愛することを勧める際に、最初に口にしたのは、キリストの心です。そして、この説教の中で、そしてより広く言えば著作を通して、エドワーズはグッドウィンや他の神学者が行きがちな方向とは異なる方向に私たちを連れていきます。エドワーズがキリストの心について語るときは、しばしばイエスの寛大な心の美しさや愛らしさを強調します。そして、それは一章分の価値があります。

＊　＊　＊

エドワーズが言っていることをもう一度見てみましょう。「キリストの心の中にある愛ほど、偉大で素晴らしい愛はない」

人間は美に惹かれるように創られています。私たちはそれに魅了されます。エドワーズはこのことを深く理解し、この美への磁力のような引力が霊的なものに起こることを見抜いていました。実際、エドワーズなら、他のすべての美がその影かこだまであるのが霊的な美であると言うでしょう。エドワーズは、その宣教活動を通じて、キリストの美しさで人々を得ようとしており、それが一七四〇年八月に彼の教会で子供たちにしていることです。この説教の後半で、次のように述べています。「神にあって愛すべきものはすべてキリストにあり、いかなる人にもあって愛すべきもの、あるいは愛すべきものとなりうるものはすべてキリストにある。キリストは神であると同時に人であり、最もきよく、最も柔和で、最も謙虚で、あらゆる点でこれまでで最も優れた人であるからだ[2]」

ありとあらゆる愛らしさがイエスの中にあります。それは「最もきよく、最も柔和で、最も謙虚で、あらゆる点でこれまでで最も優れた人である」からです。このキリストの柔和さと謙虚さを表すことばは、キリストご自身がマタイの福音書11・29でご自分の心を表現している方法そのものです。つまり、キリストを美しく飾っているのはキリストの優しい心であり、逆に言えば、私たちをキリストに最も深く引きつけるのは、キリストの優しく、穏やかで、謙虚な心であるということです。

今日、私たちの教会では、神の栄光とキリストの栄光によく言及します。しかし、神の栄光の何が私たちを引き込み、罪を克服させ、私たちを輝かしい人にするのでしょうか。神の純然たる大きさ、宇宙の広大さとそれゆえ創造主の広大さを考えること、神の超越的な偉大さを感じることが、私たちを神に引き寄せるのでしょうか。そうではない、とエドワーズは言うでしょう。それは神の心の愛らしさだと。それは「キリストの神聖な美しさを見ることであり、それが人の意志を曲げ、心を引き寄せる。その属性における神の偉大さを見ることは人を圧倒するかもしれない」と彼は言います。しかし、神の偉大さを見ることは、私たちが最も必要としていることではなく、神の善良さを見ることが最も必要なのです。神の偉大さだけを見ると、「心の中の敵意と反発は完全な力をもち続けるかもしれず、意志は硬直したままになるだろう。一方、神の道徳的・霊的な栄光と、心の中に入り込むイエス・キリストの最高の親しみやすさを一瞥するだけで、この反対を克服・廃止し、いわば全能の力で魂をキリストに傾けるのである」[3]。

私たちは、イエスの心の美しさによって神に引き寄せられます。エドワーズは別の説教で、罪人や苦しむ人がキリストのもとに来るとき、「彼らが見つける方は、非常に優れていて愛らしい」と言っています。というのも、彼らは「優れた威厳と完全なきよさと輝き」をもっているだけでなく、その威厳が「最も甘い恵みと結びつき、温和さと柔和さと愛を身にまとっている方[4]」のもとにやってくるからです。イエスの「彼らを受け入れる準備は万端」です。彼らは自分たちの罪深さを考えると、彼らの罪のために、イエスはかえってますます彼らをご自身の心に追いやる準備ができていることにショックを受けます。「意外なことに、イエスは両手を広げて彼らを抱きしめ、彼らのすべての罪を、一度もなかったかのように永遠に忘れる準備ができている[5]」のです。

つまり、私たちがキリストのもとに来るとき、私たちはイエスの歓迎する心の美しさに驚かされるのです。その驚きこそ、私たちを引き寄せるものです。

＊　＊　＊

私たちは、キリストの心の愛らしさを考えたことがあるでしょうか。キリストのことを考えるとき、美というカテゴリーは自然には思い浮かばないかもしれません。私たちは神やキリストについて、美ではなく真理の観点から考えているのかもしれません。しかし、私たちが健全な教理にこだわる理由全体は、神の美を保つためです。カメラの焦点レンズにこだわる理由全体が、撮影する美を正確に捉えるためであるのとちょうど同じです。

イエスの心の愛らしさを通してイエスに引き寄せられてください。これは、悔い改めない者を適切な厳しさで叱る一方で、悔い改める者を私たちには感じることのできないほどの広さで包み込む心です。私たちを、神の愛を感じる明るい草原へと導く心です。軽蔑され見捨てられた者を、自己を捨てた望みのうちにご自分の足元に引き寄せた心です。完璧なバランスの心であり、過剰に反応することも、弁解することも、暴言を吐くこともけっしてありません。貧困にあえぐ人々への思いで脈動する心です。苦しみに、その苦しみを共有する連帯感という深い慰めをあふれさせる心です。柔和でへりくだる心です。

ですから、イエスの心を、あなたに優しいだけでなく、あなたにとって愛らしいものにしてください。私に言わせれば、イエスの心と恋愛するのです。申し上げたいのは、イエスの心を通してイエスを熟考することです。あなた自身が魅了されてください。人生に、ゆったりとした静けさを組み込んでみませんか。そこでは、さまざまな訓練の中でも特に、イエスが実際にどのような方であるか、イエスを動かしているものは何か、イエスの最も深い喜びは何か、という輝きを考えてみるのです。あなたの魂に、何度も何度もキリストを再認識する余地を与えてみませんか。

あなたの教会の輝かしい年配の聖徒たちを見るとき、彼らはどのようにしてそこにたどり着いたと思いますか。もちろん、健全な教理があったからでしょう。毅然とした従順さ、これは間違いありません。冷笑的にならずに苦しんだことは確かです。しかし、もう一つの理由、最も深い理由は、彼らが時間をかけて、優しい救い主に深い愛情を抱きつつ魅了されてきたことなのでしょう。自分の罪が遠ざけるのではなく引き寄せるキリストという驚きを長年にわたって味わってきたのでしょう。おそらく彼らは、イエスが自分たちを愛しておられることを知っていただけでなく感じていたのです。

＊　＊　＊

私たちの生活の中での子供たちのことを考えずにこの章を終えることはできません。ジョナサン・エドワーズは自分の知っている子供たちに、「キリストの心の中にある愛ほど、偉大で素晴らしい愛はない」と言いました。私たちは、自分なりの方法と時間の中で、どのようにして同じことができるでしょうか。

私たちが教会の廊下で挨拶する子供たちが必要としているものは何でしょうか。心の奥深くでです。もちろん、彼らが必要としているのは友達、励まし、学びのサポート、おいしい十分な食事でしょう。しかし、本当の意味で必要としているもの、すなわちこれらの重要なニーズが満たされないときに彼らを支え、酸素を供給するものは、彼らにとってのイエスがどのような方であるかという魅力を感じることではないでしょうか。イエスは実際に彼らのことをどう思っておられるのでしょうか。

もし親であるなら、自分の子に対する仕事は何でしょう。この質問には、百の有効な答えがあるでしょう。しかし私たちの仕事で一番大切なのは、私たちが与えることのできる最高の愛であっても、より大きな愛の影であることを子供たちに示すことです。より明確にすること、キリストの優しい心を、抗いがたく忘れがたいものにすることです。私たちの目標は、子供たちが十八歳で家を出ても、残りの人生を、自分の罪や苦しみがキリストを遠ざけると信じて送ることのできないようになることです。

これは、私自身の父が私に与えてくれた最大の贈り物だと思います。確かに父は、私たち兄弟が成長する過程で健全な教理を教えてくれました。今日の福音主義の家庭生活では、そのこと自体が非常に軽視されています。しかし、父が私に示してくれたものの中には、神についての真理よりもさらに深いものがあります。それは、罪人の友であるキリストにおいて証明された、神の心です。父はその心を私に美しく見せてくれました。私をその中に押し込めるのではなく、引き込んだのです。私たちもまた、周りの子供たちをイエスの心に引き込むための創造的な方法を見つける特権をもっています。罪人や苦しむ人に近づきたいというイエスの願いは、教理的に正しいだけでなく審美的にも魅力的です。

原注

1　Jonathan Edwards, "Children Ought to Love the Lord Jesus Christ Above All," in *The Works of Jonathan Edwards*, vol. 22, *Sermons and Discourses 1739–1742*, ed. Harry S. Stout and Nathan O. Hatch (New Haven, CT: Yale University Press, 2003), 171.

2　Edwards, *Works*, 22:172.

3　Jonathan Edwards, "True Grace, Distinguished from the Experience of Devils," in *The Works of Jonathan Edwards*, vol. 25, *Sermons and Discourses, 1743–1758*, ed. Wilson H. Kimnach (New Haven, CT: Yale University Press, 2006), 635.

4　Jonathan Edwards, "Seeking After Christ," in *The Works of Jonathan Edwards*, vol. 22, *Sermons and Discourses, 1739–1742*, ed. Harry S. Stout and Nathan O. Hatch (New Haven, CT: Yale University Press, 2003), 289.

5　Edwards, *Works of Jonathan Edwards*, 22: 290.

11　キリストの感情的な生活

「イエスは、彼女が泣き、一緒に来たユダヤ人たちも泣いているのをご覧になった。そして、霊に憤りを覚え、心を騒がせて」

ヨハネの福音書11・33

キリスト論の領域で、一部のクリスチャンにとって十分理解するのが難しい教理の一つに、キリストの永続的な人間性があります。そこからは、神の御子が受肉して天から降りてきて、三十年ほど人間として過ごした後、天に帰って受肉する前の状態に戻ったという印象をしばしば受けます。

しかし、これは完全な異端ではないにしても、キリスト論的には誤りです。神の御子は人間性を身にまとい、それを脱ぐことはありません。その方は人となり、これからもそうなのです。キリストの昇天という教理の意味するところはこうです。すなわちキリストは、墓から引き上げられた完全な人間性を反映した肉体そのものをもって天に昇ったのです。もちろん、キリストは今も昔も神であり続けています。しかし、一度身につけた人間性は決して終わることはありません。ハイデルベルク信仰問答[1]では、キリストにあって「私たちは自分の肉を天に持っている」（問49）と述べています。

このキリストの永続的な人間性の真理が言外に含む意味の一つは、四福音書で与えられる、受肉したキリストの罪人や苦しむ人に対する感情や情熱や愛情を見るとき、今日の私たちにとってのイエスの姿を見ているということです。御子は、肉を得る前に存在していた、体をもたない神の状態に戻っていません。

そして、御子が身につけたその肉は、真の、完全な人間性でした。確かに、イエスはこれまで生きてきた中で最も真の人間でした。エウテュケス主義や単性説のような古代の異端は、イエスを人間と神との間のある種の混合、神と人間の間にあるユニークな第三の存在とみなしていましたが、これらの異端は紀元四五一年にカルケドン（現代のトルコ）で開かれた第四回公会議で非難されました。この会議から生じたカルケドン信条では、イエスは両者の劣った混合ではなく「真の神であり真の人間」と言われています。人間であること（そして罪のない人間であること）が何を意味するとしても、イエスはそれであったし、今もそうなのです。そして、感情は人間であるために不可欠な要素です。もちろん、堕落した人間性のあらゆる部分が堕落の影響を受けているのと同じように、私たちの感情も堕落によって病んでいます。しかし、感情はそれ自体が堕落の結果ではありません。イエスは、私たちと同じように、あらゆる感情を経験されました（ヘブル2・17、4・15）[1]。カルヴァンのことばを借りれば、

「私たちの肉を身にまとった神の御子は、自発的に人間の感情をもまとったので、罪だけを例外として、あらゆる形で兄弟たちと変わらなかった」[2]のです。

プリンストン大学の偉大な神学者Ｂ・Ｂ・ウォーフィールド（一八五一―一九二一年）は、一九一二年に「私たちの主の感情的な生活について」という有名な小論を書いています。その中でウォーフィールドは、福音書がキリストの内面について明らかにしていること、つまり彼が「感情的」な生活と呼んでいるものを説明しました。ウォーフィールドが「感情的」ということばで意味しているのは、私たちがよく言うような、バランスを崩していたり、反動的であったり、不健康な方法で感情に振り回されたりすることではありません。単にイエスが感じたことに注目しています。そして、キリストの感情に思いを馳せながら、ウォーフィールドは、キリストの感情が心の奥底から流れ出る様を繰り返し記しているのです。

では、福音書の中で、イエスの感情的生活はどのように見られるのでしょうか。敬虔な感情的生活とはどのようなものでしょうか。それは、完璧なバランス、プロポーション、コントロールがとれていると同時に、広範囲にわたる深い感情をもった内面の生活です。

ウォーフィールドは、福音書の中でイエスに反映されているさまざまな感情について考察しています。その中で「同情」と「怒り」の二つの感情について、キリストの心についての本書の学びの方法に沿って探っています。

ます。

＊　＊　＊

ウォーフィールドは、キリストの生涯における具体的な感情の研究を次のように始めています。

全生涯があわれみの使命であり、その宣教が弟子たちの記憶の中で「良いわざを行い」ながらの巡回（使徒10・38）として集約されるほど慈善に満ちた行為で特徴づけられるイエスに、最も頻繁に帰着することを自然に期待するべき感情は、間違いなく「同情」である。実際、この感情は、イエスに最も頻繁に帰されている。[3]

それから、キリストの同情の具体的な例を挙げます。全体を通して、イエスが単に思いやりのある行動をしたのではなく、不幸な人々に対するあわれみによる内なる混乱や渦巻く感情を実際に感じていたことを、私たちに理解させようとしています。目や足の不自由な人、苦しんでいる人がイエスに訴えると、「彼の心は彼らに対する深いあわれみの感情で反応した。彼の同情は外面的行為で実現したが、主の反応を表すのに使われたことばで強調されているのは……彼の感情的な性質の深遠な内的動きである」[4]。例えば、目が見えるようになることを求める二人の訴えを聞いたり（マタイ20・30〜31）、きよめられることを求めるツァラアトに冒された人の訴えを聞いたり（マルコ1・40）、あるいは悲しんでいるやもめを見ただけで（ルカ7・12）、「主の心はあわれみで高鳴った」のです。[5]

これらの例では、イエスは同じ内的状態から行動したと描写されています（マタイ20・34、マルコ1・41、ルカ7・13）。ギリシア語のこのことばスプランクニゾマイは、しばしば「同情する」と訳されます。ただし、このことばが意味するのは一時の同情以上のものです。自分の気持ちや憧れが自分の中で揺れ動くような深い感情を指しています。この動詞の名詞形は、文字通り、人の内臓や腸を意味します。

しかし、ウォーフィールドが特に洞察力に満ちているのは、イエスがどのような方であったか、またその内面の感情的生活が実際にどのようであったかを理解する上でこの同情が及ぼす影響についてです。その小論を通してウォーフィールドは、イエスが地球上を歩いた唯一の完全な人間であるという事実を熟考しています。では、イエスの感情的生活、そして同情のような感情をどのように理解すればよいのでしょうか。ウォーフィールドが理解を助けてくれるのは、キリストの感情は、その深さにおいて私たちの感情を凌駕するということです。キリストは、真に人間であり（神と人間の混合とは反対に）、完全な人間であったからです。

例を挙げるとわかりやすいかもしれません。数年前、私がインドのバンガロールの町を歩いていたときのことです。町の教会での説教を終え、車の到着を待っているところでした。教会の敷地を出てすぐのところに、ホームレスと思われる年配の男性が大きなダンボール箱の中に座っていました。服はボロボロで汚れていました。歯も何本か抜けていました。そして、何よりも痛ましかったのは、両手でした。指のほとんどが部分的にすりへっていたのです。怪我をしたからではなく、長い時間をかけてむしばまれていったのだとわかりました。ハンセン病患者だったのです。

その時、私の心の中で何が起こったのでしょうか。私の堕落した、さまよいがちな心に。それは同情でした。いずれにせよ少しの。しかし、それは生ぬるい同情でした。堕落は私を、感情を含む私のすべてをダメにしていました。堕落した感情は、罪深く過剰に反応するだけでなく、罪深く過小に反応もします。なぜ私の心はこの惨めな紳士に対して冷静だったのでしょうか。私が罪人だからです。

では、感情が完全に機能している罪のない人にとって、あの病人に目を留めることは何を意味しているはずでしょうか。罪が私の同情の感情を抑制していました。抑制されない同情の感情とはどのようなものでしょう。

それがイエスの感じたものです。完璧な、フィルター処理されていない同情。それは、彼の中に湧き上がるようなものであったに違いありません。旧約聖書のような預言者の神託ではなく、実際の生身の人間を媒介とした場合、完璧なあわれみとはどのようなものになるでしょうか。そして、もしその人間が、今は天にいてもまだ人間であり、私たち霊的なハンセン病患者の一人一人を、フィルター処理されていない同情をもって見ていたとしたらどうでしょう。私たち自身の同情を制限する罪深い自己陶酔によって制限されることのない、あふれんばかりの愛情をもって。

＊　＊　＊

そして、思いやりだけではありません。完璧な怒りとはどのようなものでしょうか。これはおそらく、ウォーフィールドの発展的な小論の重要な貢献であり、キリストの心についてのこの研究の過程で、あなた自身の心の中に湧き上がる疑問に対応するかもしれません。つまり、キリストの心、その柔和でへりくだった心、深い同情を強調することは、福音書に見られる怒りのエピソードとどのように調和するのでしょうか。キリストの優しさに焦点を合わせているのは、役に立たないほど不公平なことなのでしょうか。イエスは激怒してもおられるのではないのでしょうか。

ウォーフィールドがイエスの怒りを探り始めたときのことばを考えてみましょう。善と悪を区別するだけでなく、一方に積極的に引き寄せられ、他方を不快に思うことが道徳的な完成度の問題であることを指摘した後、彼はこう言います。

したがって、道徳的な存在が、認識された不正の前に無関心で動じないでいることは不可能である。道徳的な存在とは、正確には、正と不正の違いを認識し、そのようなものとして認識された正と不正に対して適切な反応をする存在のことである。したがって、憤りや怒りの感情は、このような道徳的存在の自己表現そのものであり、不正を前にしても欠けていることはありえない。[6]

ウォーフィールドが言っているのは、キリストのような道徳的に完璧な人間が怒らなかったとしたら矛盾しているということです。私たちは、キリストの同情を強調すればするほど彼の怒りが軽視され、彼の怒りを強調すればするほど彼の同情が軽視されると感じているのかもしれません。しかし、私たちが見なければならないのは、この二つは共に上昇し下降するということです。同情心のないキリストなら、自分の周りにある不正や、厳しさや人間の蛮行に、たとえ宗教エリートから流れてくるものであってさえ、怒りを覚えることはなかったはずです。そうではなく、「同情と憤りがイエスの魂の中で共に出る」[7]のです。娘を最も愛している父親こそ、娘が虐待されると怒りが最も激しくなるのです。

イエスの怒りを次のような論理的な三段論法で考えてみましょう。

前提1　道徳的な善良さは、悪に対して憤怒をもって反抗する。
前提2　イエスは道徳的な善の典型であり、道徳的に完璧であった。
結論　イエスは誰よりも深く悪に対して憤怒をもって反抗した。

確かに、イエスは子供に罪を犯させる者たちに対して痛烈な非難をし、彼らはおぼれ死んだほうがましな運命だと言いました（マタイ18・6）が、それは悪人を拷問することを大喜びで楽しんだからではなく、最も深い理由は、幼い子供たちを愛していたからです。イエスの魂から湧き上がってこのような恐るべき災いの宣告を生じさせるのは、嬉々とした正義の強行ではなく愛の心です。

同様に、マタイの福音書23章での律法学者とパリサイ人に対する裁きの持続的な宣告においても、何がこのような恐ろしい非難をあおるのでしょうか。それは、尊敬されているこの宗教的学者たちに惑わされ、不当な扱いを受けている人々へのイエスの懸念です。これらの教師に耳を傾ける人々は、「重くて負いきれない荷」（マタイ23・4）を与えられています。この親愛なる人々は、律法学者やパリサイ人の「倍も悪いゲヘナの子」（23・15）にされているのです。つまり、律法学者とパリサイ人は、一連の正しい預言者たちの血を流す罪を犯しているのです（23・34〜35）。彼らの民衆に対する心は、イエスの心とは正反対でした。彼らは人々を利用して自分たちを高めることを願いましたが、イエスは人々に仕えて彼らを高めることを願いました。母鶏が雛を母として守るために翼の下に集めるように、イエスは民を自分の翼の下に集めようとされたのです（23・37）。

両替人たちを宮から追い出したことはどうでしょう。それは、決して穏やかな行動ではありませんでした。どのようにして、そのようなこととイエスの心が合致するのでしょうか。イエスは自分でむちを作ったと実際に語られています（ヨハネ2・15）。一人で休みながら、交互に編んで、冷静に武器を作っている姿を想像してみてください。その武器を使って、両替人たちを猛烈に追い出し、彼らのテーブルをひっくり返すことになるのです。しかし、なぜイエスはこのようなことをしたのでしょうか。それは、彼らが神殿の使い方をねじ曲げていたからです。ここは神の家であり、罪人が来ていけにえを捧げ、神との交わりを楽しみ、神の好意と恵みを再確認できる唯一の場所でした。ここは祈りの場、神とその民との間の祝福された交流の場であるべきだったのです。両替人たちは実際にそれをひっくり返しました。神を知り、神と会うための場所であった神殿を、金儲けの場所に変えてしまったのです。

私たちが言いたいのは、確かにキリストは怒っておられたし、今も怒っておられるということです。キリストは完璧な人間であり、無関心でいられないほど愛しておられるからです。そして、この正義の怒りは、イエスの心、優しい思いやりを反映しています。しかし、心の奥底に優しい思いやりがあるからこそ、最も早く怒り、最も激しく怒りを感じられます。そして、その怒りを汚す罪はみじんも伴いません。

福音書の中でキリストの正義の怒りの最も明確な例は、ヨハネの福音書11章のラザロの死であり、33節と38節でイエスの心の状態を表すために使われている動詞は、深い怒りを表すものです。「イエスはラザロの墓に近づいた。ある状態、抑制できないほどの悲しみではなく、抑えきれないほどの怒りの状態で。……彼の胸を引き裂き、ことばにすることを激しく求めていた感情は、まさに怒りであった。[8]」ウォーフィールドはさらに、ラザロのエピソードがヨハネの福音書全体の中で果たす役割を考えています。キリストの心との結びつけ方に注目してください。

消えることのない怒りが彼を襲う。……彼の怒りの対象は死と、死の背後にいる死の力をもつ者、そして彼がこの世に来て滅ぼす者である。彼の目には同情の涙があふれるかもしれないが、それは付随的なものだ。彼の魂は怒りに支配されている。……このようにしてラザロの復活は、孤立した驚異ではなく……イエスが死と地獄を克服した決定的な事例および開かれた象徴〔となった〕。

ヨハネが私たちのためにしてくれたことは……私たちのために救いを勝ち取るときのイエスの心を明らかにしてくれたことである。冷たい無関心ではなく、敵に対する燃える怒りをもって、イエスは私たちのために一撃を加える。私たちを圧迫する悪から救ってくださっただけではなく、圧迫されている私たちを思いやり、共鳴し、これらの感情の衝動のもとで私たちの贖いを成し遂げてくださったのである。[9]

＊　＊　＊

キリストは、悔い改めない者にとってはライオンですが、悔い改める者、つまり、落ちぶれた者、隠し立てしない者、飢えた者、望んでいる者、告白する者、出しゃばらない者にとっては子羊です。あなたを悩ますすべてのものを正しい憎しみをもって憎まれます。イザヤ書53章に、キリストが私たちの悲しみを負い、私たちの嘆きを背負ったと語られていることを思い出してください（4節）。キリストは私たちの代わりに罰を受け、私たちが決して経験しないこと（有罪判決）を経験しただけでなく、私たちと共に苦しみ、私たち自身が行うこと（不当な扱い）を経験したのです。あなたの悲しみの中で、悲しんでおられます。あなたの苦悩の中で、苦悩しておられます。

今日、あなたは怒っていますか。怒りが罪だと早合点してはいけません。聖書では、必要な時には怒るようにと肯定的に命じています（詩篇4・4〔ESV〕、エペソ4・26）。もしかしたら、あなたには怒る理由があるかもしれません。だれかがあなたに罪を犯し、唯一の適切な反応は怒りかもしれません。イエスがあなたと一緒に怒っておられることで、慰めが与えられます。イエスはあなたの怒りに加わってくださるのです。確かに、イエスは、あなたになされた悪事に対して、あなたにできる以上に怒っておられます。あなたの正しい怒りはイエスの怒りの影です。そして、イエスの怒りは、あなたのものとは違って、罪の痕跡が全くありません。自分に不当なことをした者たちのことを考えるとき、イエスにあなたの代わりに怒っていただきましょう。イエスの怒りは信頼できます。あなたを思いやる気持ちからくる怒りだからです。福音書の中で他の人が不当に扱われているのを見たときにイエスが感じた憤りは今、天で、あなたが不当に扱われていることに対して感じているのと同じ憤りです。

そのことを知った上で、あなたに負い目のある者から手を離し、安堵のため息をつきましょう。あなたのためのキリストの心に、キリストの同情の中で洗ってもらうだけでなく、あなたを苦しめるすべてのもの（間違いなく死と地獄）に対する怒りにおける連帯を確信させてもらいましょう。

原注

1　B. B. Warfield, *The Person and Work of Christ* (Oxford, UK: Benediction Classics, 2015), 137–38.

2　John Calvin, *Commentary on the Gospel according to John*, vol. 1, trans. William Pringle (Grand Rapids, MI: Baker, 2003), 440.

3　Warfield, *Person and Work of Christ*, 96.

4　Warfield, *Person and Work of Christ*, 97–98.

5　Warfield, *Person and Work of Christ*, 98.

6　Warfield, *Person and Work of Christ*, 107.

7　Warfield, *Person and Work of Christ*, 141.

8　Warfield, *Person and Work of Christ*, 115.

9　Warfield, *Person and Work of Christ*, 117. ヨハネ11章におけるキリストの感情の完全な人間性について、アウグスティヌスに明確に反対し、予期的にウォーフィールドに賛成するカルヴァンの注釈も参照。Calvin, *Commentary on the Gospel according to John*, 1:439–43.

訳注

〔1〕ドイツの町ハイデルベルクで書かれて出版されたカルヴァン派の信仰問答書。

12　優しい友

「取税人や罪人の仲間だ」

マタイの福音書11・19

キリストの心について考える上での一つのカテゴリーは「友情」です。キリストの心は、私たちの決して揺るがない友人という形をとります。

これは、現代よりも過去の世代において、キリストを理解するための一般的な方法でした。この章ではピューリタンにおける神の友情というテーマを考えてみますが、現代の私たちが人間同士（おそらくは特に男性間）の友情というカテゴリーさえも、嘆かわしいほどに貧しいものにしていることを学ぶために、歴史的著作家、あるいはキリスト教の著作家にさえ戻る必要はありません。バージニア・コモンウェルス大学の歴史学教授であるリチャード・ゴドビアは、文字に書かれた手紙のやり取りを徹底的に調査して、植民地時代のアメリカでは男性同士の健全で非エロティックな愛情が豊かに存在していたことと比較して、現代では男性の友情が大幅に希薄化していることを明らかにしました。[1]

けれども、もし私たちが現代の文化的瞬間に周囲の世が友情の意義を規定することを許すなら、水平レベルで人間の繁栄に不可欠な実在を見逃すだけでなく、さらに悪いことに、垂直レベルでキリストとの友情を楽しむことを見逃すのです。

キリストの友情への最も印象的な言及の一つは、マタイの福音書11・28～30のこの本の道しるべとなるテキストの直前に出てきます。マタイの福音書11・19〔ＥＳＶ〕で、イエスはご自分を訴える者たちが「取税人や罪人の友」（すなわち、当時の文化で知られていた最も卑劣な種類の罪人たちの友）とご自分を軽蔑して呼んだことばを引用します。そして、福音書でよく見られるように――悪霊たちが「私はあなたがどなたなのか知っています。神の聖者です」（マルコ１・24）と言ったときや、サタン自身がキリストを「神の子」と認めた（ルカ４・９）ときのように――、キリストが誰であるかを最も明確に認識しているのは、弟子たちではなく、敵対者たちなのです。群衆はイエスを罪人の友と呼んで告発しますが、そのレッテルは、自分が罪人であることを知っている者にとってはことばにならないほどの慰めの一つです。イエスが罪人にとっての友であるということは、自分はそのカテゴリーに入っていないと感じている人にとっては、侮辱でしかありませんが。

キリストが罪人にとって友であるとは、どういうことでしょうか。少なくとも、キリストが罪人と一緒に過ごすことを楽しまれるという意味です。また、彼らがイエスの周りで歓迎されていることと心地よさを感じることも意味します。ルカの福音書の一連のたとえ話が始まる通過ラインに注目してください。「さて、取税人たちや罪人たちがみな、話を聞こうとしてイエスの近くにやって来た」(ルカ15・1)。マタイの福音書11章で仲良くしていることでイエスが非難された二つのグループは、ルカの福音書15章ではイエスから離れられない人たちです。彼らはイエスの周りで安心しています。イエスに何か違うものを感じているのです。他の人々は彼らを遠ざけていますが、イエスは新しい希望という魅力的な策謀を提供します。イエスが本当にしていることは、根本的には、彼らをご自身の心に引き込むことなのです。

＊＊＊

あなた自身の人間関係の輪を考えてみましょう。誰が友だちかという線は、中心に向かって狭くなっていく同心円のように、さまざまな場所に引けるはずです。私たちの生活の中には、名前は知っているけれども、本当は愛情の端にいる人もいるかもしれません。また、それよりも中央に近いが、あまり親しい友人ではない人もいるでしょう。円の中心に向かって動いていくと、特に親しい友人が一人か二人いるという恵まれた人もいます。その友人は、私たちのことを本当に知っていて、「理解してくれている」人、お互いに一緒にいることが喜びであるという人です。私たちの多くは、神から配偶者をこの世で最も親しい友人として与えられています。

もちろん、このような短い思考実験を通り抜けただけで、心が痛むかもしれません。私たちの中には、一人の真の友、退けられることはないとわかっているのでどんな問題も持っていくことのできる相手がいないことを認めざるを得ない人もいます。私たちの生活で、安心して一緒にいられる人、本当に安心して、何でも打ち明けられるほど安心できる人は誰でしょうか。

ここに福音の約束があり、聖書全体のメッセージがあります。イエス・キリストにあって、私たちは、私たちの存在を拒むのではなく、いつも喜んでくれる友人を与えられているということです。この友人は、私たちがきよいか不潔か、魅力的か不快か、忠実か気まぐれかによって、受け入れ方を強めたり弱めたりすることはありません。この友人の私たちへの親しみの心は主観的に、私たちへの義認の宣言が客観的にそうであるのと同様に、固定的で安定しているのです。

私たちの多くは、親友であっても、自分の人生のすべてを打ち明けることに抵抗を感じるのではないでしょうか。相手を好きになったり、愛しさえしたり、一緒に旅行に行ったり、人に褒めたりしますが、心の奥底のレベルで本当に自分を委ねることはありません。多くの結婚生活においても、互いにある種の友人ではありますが、肉体的に裸になるようには、魂的には裸になっていないのです。

もし、あなたの人間関係の輪の中心に、あなたが自分の最悪の部分も含めて何を分かち合っても決して眉をひそめない友人がいたとしたらどうでしょう。人間同士の友情には、耐えられる限界があります。しかし、もしも限界のない友人がいたとしたらどうでしょう。我慢に限度がなく、それでもあなたと一緒にいたいと思う友人がいたら。シッブズは、「あらゆる種類と程度の友情がキリストの中で出会う」[2]と書いています。

ヨハネの黙示録3章に描かれている復活したキリストの姿を考えてみましょう。そこではキリストがこう言います(「みじめで、哀れで、貧しくて、盲目で、裸である」〔17節〕クリスチャンのグループに向かって)。「見よ、わたしは戸の外に立ってたたいている。だれでも、わたしの声を聞いて戸を開けるなら」――キリストは何をされるのでしょうか――「わたしはその人のところに入って彼とともに食事をし、彼もわたしとともに食事をする」〔20節〕。イエスは、あなたのところ、みじめで、哀れで、貧しくて、盲目で、裸であるあなたのところに入ってきて、一緒に食事を楽しみたいのです。あなたと一緒に時間を過ごし、関係を深めたいのです。良い友人とは、沈黙の隙間を常にことばで埋める必要はありません。ただ温かく一緒にいて、静かにお互いの存在を楽しむことができます。「相互の交わりは、すべての真の友情の魂であり、友人との親しい会話は、最高の甘さをもっている」[3]とグッドウィンは書いています。

ここでイエスを過剰に家庭的にするべきではありません。イエスはただの友人ではないからです。ヨハネの黙示録でその数章前では、ヨハネが倒れて動けなくなるほど圧倒的なキリストの姿が描かれています（1・12〜16）。しかしまた、人間らしさ、関係性に関する純粋な願いを薄めるべきでもありません。それは復活したキリストご自身の口からのことばにはっきりと現れています。キリストは、ご自身の心をあなたが作動させるのを待っているのではありません。すでにドアの前に立ち、ノックし、あなたの中に入りたいと思っておられるのです。では、私たちの務めは何でしょう。シッブズはこう言っています。「私たちの義務は、キリストが私たちを招いておられることを受け入れることである。もし彼と一緒に食事をする気がないのであれば、彼のために何をするのだろうか[4]」

＊　＊　＊

しかし、真の友人はあなたを追いかけるだけではありません。あなたがご自分を追いかけることを許し、何も隠さずにご自身を開いてくださるのです。イエスがヨハネの福音書15章で弟子たちを「友」と呼ぶときに、どのような点を強調しているか気づいたことがありますか。今にも十字架へ向かおうというときに、イエスは弟子たちにこう告げます。「わたしはもう、あなたがたをしもべとは呼びません。しもべなら主人が何をするのか知らないからです。わたしはあなたがたを友と呼びました。父から聞いたことをすべて、あなたがたには知らせたからです」（ヨハネ15・15）

イエスの友とは、イエスがご自分の深い目的を打ち明けた者たちです。イエスは、御父から聞いたことの一部を弟子たちに伝えるのではないと言っています。すべてを語るのです。隠し事は一切ありません。弟子たちを完全に中に入れるのです。イエスの友は歓迎されて迎え入れられます。ジョナサン・エドワーズは次のように説教しました。

キリストにある神は、あなたのような小さく貧しい被造物が神のもとに来て、神との交わりを愛し、神との愛のコミュニケーションを維持することをお許しになる。あなたは神のもとに行き、どれほど神を愛しているかを伝え、心を開くことができ、神はそれを受け入れてくださる。……この方は天より下り、人間の性質をその身に負われた。それは、あなたの近くにいて、いわば道連れとなるためである。[5]

「道連れ（companion）」とは友人を意味するもう一つのことばですが、特に旅に同行する人のことを意味します。私たちが世界というこの広い荒野を巡礼するとき、安定した不変の友がいます。

私がこの章で言おうとしているのは、キリストの心は、私たちの拒否感を抱擁で癒やすだけではなく、またキリストは厳しいという感覚をキリストの優しさを眺めることで修正するだけではなく、キリストはよそよそしいという私たちの思い込みを私たちに共感してくださるという意識に変えるだけでなく、真に道連れとなることで私たちの孤独を癒やしてくれもするということです。

リチャード・シッブズは『著作集』第2巻で、イエス・キリストが私たちの友であることの意味を熟考しています。特に印象的なのは、キリストのその民への友情のいくつかの側面を引き出す際の、共通のテーマです。その共通のテーマとは相互関係です。つまり、友情とは、喜び、慰め、開放性という双方向の関係、対等な者たちの関係なのであり、王から臣下へ、親から子へといった一方通行の関係とは違っています。確かに、キリストはまさに私たちの支配者であり、権威であり、すべての忠誠と従順がうやうやしく帰されるべき方です。シッブズは、キリストの友情について熟考しながら、そのことを明確に思い出させてくれます（「私たちの友であられるように、私たちの王であられる」[6]）。しかし同等に、そしておそらく私たちにはあまり明らかではなく直観的でもないことですが、御子という人格における神のへりくだりは、神が私たち自身のやり方で私たちに近づき、神の喜びと私たち相互の喜び両方のために私たちを友とすることを意味します。

シッブズがキリストと私たちの友情について語っていることを考えてみましょう。


友情には相互の同意、判断と愛情の結合がある。互いの善悪に対する相互的共感がある。……


友情の生命である自由がある。友人間の自由な交わり、秘密の自由な解放がある。そのため、ここでキリストは秘密を私たちに開き、私たちは彼に開く。……

友情には、互いにおいて相互的慰安と慰めがある。キリストは教会へのご自身の愛に喜びを見いだし、キリストの教会はキリストへの愛に喜びを見いだす。……

友情には互いへの相互的尊敬と尊重がある。[7]

共通点がわかりますか。キリストの友情のこれらさまざまな側面の中にある「相互的」や「互いに」ということばに注目してください。要するに、キリストは私たちと一緒に、私たちの一人として、私たちの人生や経験を共有してくださいます。そして、友人間で相互に楽しむ愛と慰めは、キリストと私たちの間でも同様に楽しまれます。つまり、人格として私たちと関わってくださるのです。イエスは、友情の概念ではなく、実際の友なのです。

郵便はがき

恐縮ですが
切手を
おはりください

164-0001

東京都中野区中野 2-1-5

いのちのことば社

出版部行

ホームページアドレス　https://www.wlpm.or.jp/

お名前	フリガナ	性別	年齢	ご職業
ご住所	〒	Tel.　（　　）		

所属（教団）教会名	牧師　伝道師　役員 神学生　ＣＳ教師　信徒　求道中 その他 該当の欄を○で囲んで下さい。

ご記入いただきました情報は、貴重なご意見として、主に今後の出版計画の参考にさせていただきます。その他、「いのちのことば社個人情報保護方針（https://www.wlpm.or.jp/about/privacy_p/）」に基づく範囲内で、各案内の発送などに利用させていただくことがあります。

いのちのことば社＊愛読者カード

本書をお買い上げいただき、ありがとうございました。
今後の出版企画の参考にさせていただきますので、
お手数ですが、ご記入の上、ご投函をお願いいたします。

書名

お買い上げの書店名

町
市　　　　　　　　　　　　　　　　書店

この本を何でお知りになりましたか。

1. 広告　いのちのことば、百万人の福音、クリスチャン新聞、成長、マナ、
信徒の友、キリスト新聞、その他（　　　　　　　　　　）
2. 書店で見て　3. 小社ホームページを見て　4. SNS（　　　　　　）
5. 図書目録、パンフレットを見て　6. 人にすすめられて
7. 書評を見て（　　　　　　　　　　）　8. プレゼントされた
9. その他（　　　　　　　　　　）

この本についてのご感想。今後の小社出版物についてのご希望。

◆小社ホームページ、各種広告媒体などでご意見を匿名にて掲載させていただく場合がございます。

◆愛読者カードをお送り下さったことは（　ある　初めて　）
ご協力を感謝いたします。

＊　＊　＊

いったんキリストが友となってくださったら人間同士の友情は関係ない。としたら悲惨な話です。神は私たちを他の人々との交わり、心の結びつきのために造られました。内向的な人だけではなく誰もが孤独を感じるのです。

しかし、キリストの私たちへの心とは、地上でどのような友人関係を楽しんでいようといまいと、キリストが私たちの決して揺るがない友人になってくださることを意味します。孤独の痛みの下に達する友情を差し出してくださるのです。その痛みはなくなってしまうのではありませんが、その一刺しはイエスのはるかに深い友情によって十分に耐えられるものになります。イエスはどんな時でも私たちと一緒に歩いてくださいます。友人に裏切られる痛みを知っておられ、決して私たちを裏切りません。私たちを冷静に迎えることさえありません。それはイエスのあり方ではありません。それはイエスの心ではありません。

> イエスの友情が甘美であるように、それはどんな状況においても不変である。……友人というものは失敗することもあるので、他の友人が失敗するとしても、この友人は決して私たちを失望させない。私たちがイエスを恥じることがなければ、イエスは決して

私たちを恥じることはない。もし、この「友」という称号が与える慰めを引き出すことができたら、私たちの人生はどれほど快いものになることだろうか。それは、快適で、実りある、永遠の友情である。[8]

原注

1 Richard Godbeer, *The Overflowing of Friendship: Love Between Men and the Creation of the American Republic* (Baltimore, MD: John Hopkins University Press, 2009).

2 Richard Sibbes, *Bowels Opened, Or, A Discovery of the Near and Dear Love, Union, and Communion Between Christ and the Church*, in *The Works of Richard Sibbes*, ed. A. B. Grosart, 7 vols. (repr., Edinburgh: Banner of Truth, 1983), 2:36.

3 Thomas Goodwin, *Of Gospel Holiness in the Heart and Life*, in *The Works of Thomas Goodwin*, 12 vols. (repr., Grand Rapids, MI: Reformation Heritage, 2006), 7:197.

4 Sibbes, *Bowels Opened*, 2:34.

5 Jonathan Edwards, "The Spirit of the True Saints Is a Spirit of Divine Love," in *The Glory and Honor of God: Volume 2 of the Previously Unpublished Sermons of Jonathan Edwards*, ed. Michael McMullen (Nashville, TN: Broadman, 2004), 339. エドワーズ「キリストほど、クリスチャンにとって愛すべき関係にある人はこの世にいない。この方は私たちの友であり、最も近しい友である。」*The Works of Jonathan Edwards*, vol. 10, *Ser-*

mons and Discourses 1720–1723, ed. Wilson H. Kimnach (New Haven, CT: Yale University Press, 1992), 158. さらに有名な説教の一つである「キリストの卓越性」の中で、エドワーズは私たちの友人としてのキリストに三十回以上言及している。*The Works of Jonathan Edwards*, vol. 19, *Sermons and Discourses 1734–1738*, ed. M. X. Lesser (New Haven, CT: Yale University Press, 2001), 21.

6 Sibbes, *Bowels Opened*, 2:37.

7 Sibbes, *Bowels Opened*, 2:37.

8 Sibbes, *Bowels Opened*, 2:37. グッドウィンは神的友情について豊富に論じているが、具体的にキリストとの友情ではなく、神との友情のレベルにとどめているため、本章では言及しなかった。*Gospel Holiness*, in *Works*, 7:186–213, esp. 7:190–97; cf. 7:240.

13　なぜ御霊なのか

「わたしが父にお願いすると、父はもう一人の助け主をお与えくださ……います」
ヨハネの福音書14・16

この本は、三位一体の第二位格である御子、キリストについての本です。しかし、気をつけなければならないのは、私たちがキリストのうちに見ているものが、御霊や御父とはどこかずれているという印象を与えないことです。むしろ、御子は「肉に現れていて、三位すべての心の中にあったものだけを表現し、口にする」[1]のです。

そこで、それぞれに一章を設け、キリストの心が御霊とどのように関係しているのか、それから御父とどのように関係しているのかについて、聖書が何を教えているかを問います。この章では御霊を、次の章では御父を取り上げます。

聖霊の役割は何でしょう。実際に何をなさるのでしょうか。その質問に対して、聖書には多くの有効な答えがあります。

聖霊は

- 私たちを新しく生まれさせる（ヨハネ3・6〜7）
- 有罪を宣告する（ヨハネ16・8）
- 賜物で力を与える（Ⅰコリント12・4〜7）
- 私たちが神の子であると心の中で証言する（ガラテヤ4・6）
- 私たちを導く（ガラテヤ5・18、25）
- 私たちを実り豊かにする（ガラテヤ5・22〜23）
- 復活のいのちを与え、はぐくむ（ローマ8・11）
- 罪を殺すことができるようにする（ローマ8・13）
- 何を祈っていいかわからないときに、私たちのためにとりなす（ローマ8・26〜27）
- 真理に導く（ヨハネ16・13）
- 私たちをキリストのかたちに変える（Ⅱコリント3・18）

これらはすべて、輝かしい事実です。この章では、以上のリストにもう一つだけ加えさせていただきます。それは、御霊が私たちのためのキリストの心を実際に感じさせてくださることです。

このことは、先に挙げた御霊の働きのいくつかと少し重なる部分があります。しかし、聖霊がこの本のイエスの心の研究にどのようにつながるのかを正確に明らかにすることは有益でしょう。そしてこの章で、もう一度トーマス・グッドウィンの助けを借りて提案するのは、聖霊がキリストの心を私たちにとって現実のものとするということです。聞くだけでなく見る、見るだけでなく感じる、感じるだけでなく楽しむものにするのです。御霊は、イエスの心について私たちが聖書で読み、頭の中で信じていることを、理論から現実へ、教理から経験へと移すのです。

子供の頃、お父さんはあなたを愛していると言われるのは一つのことです。あなたは父を信じます。父のことばをそのまま受け取るのです。しかし、父に抱きよせられ、温もりを感じ、胸の中の心臓の鼓動を聞き、父親の腕に守られていることを瞬時に知ることは、それとはまた別の、とてつもなくリアルなことです。父があなたを愛していると聞くのと、父の愛を感じるのとは別のことです。これこそが、御霊の輝かしい働きなのです。

＊　＊　＊

ヨハネの福音書14〜16章でイエスは、御霊の働きをご自身の働きの延長であると説明しておられます。そして、ご自身は去るが御霊が来られる時は、その民にとって優れた祝福であると言われます。イエスがこの点を指摘しているヨハネの福音書16章の思考の流れを注意深く見てください。

しかし今、わたしは、わたしを遣わされた方のもとに行こうとしています。けれども、あなたがたのうちだれも、「どこに行くのですか」と尋ねません。むしろ、わたしがこれらのことを話したため、あなたがたの心は悲しみでいっぱいになっています。しかし、わたしは真実を言います。わたしが去って行くことは、あなたがたの益になるのです。去って行かなければ、あなたがたのところに助け主はおいでになりません。でも、行けば、わたしはあなたがたのところに助け主を遣わします。（ヨハネ16・5〜7）

御霊が来られることの利点は何でしょうか。自然に読めるのは、間違っているものを正してくれるということです。では、何が間違っているのでしょうか。「あなたがたの心は悲しみでいっぱいになってい」る（ヨハネ16・6）ことです。御霊の到来はその逆のことをするようです。つまり、彼らの心を喜びで満たすのです。御霊は、悲しみを喜びと取り替えてくださいます。

弟子たちが悲しみでいっぱいだったのは、イエスが自分たちのもとを去っていくからでした。イエスは彼らと仲良くし、心に抱きしめていたので、イエスが去ることはイエスの心が去ることだと彼らは思っていました。しかし、どのようにしてイエスが心を後に残して肉体的に去ることができるのかというのは、御霊がその答えです。御霊は、イエスが天に去った後の、ご自身の民のためのキリストの心の継続なのです。

グッドウィンは、このヨハネの福音書16章のこの節を熟考して、イエスが弟子たちに語っていることの核心に迫ります。「わたしの父とわたしにはただ一人の友がいて、その友はわたしたち二人の懐にいて、わたしたち二人から出ている聖霊であり、そしてわたしは彼をあなたがたに遣わす。……あなたがたにとって、わたしがなるべきものよりも良い慰め手となるだろう。……わたしが肉体的存在によって慰めるよりもよく、あなたがたを慰めるであろう。」御霊は神の民にとってどのような点で優れた慰め手なのでしょうか。「あなたがたが耳を傾け、御霊を悲しませないのであれば、御霊はわたしの愛の物語だけを語るであろう。……あなたがたの心の中で御霊が話すことはすべて、わたしを前進させ、わたしの価値と愛をあなたがたにとって大きくするためであり、それを行うことが御霊の喜びとなる。[2]」グッドウィンは次に、キリストの心との明確なつながりを示します。

その結果あなたがたは、わたしが一緒にいるかのように、確実かつ迅速にわたしの心をもつであろう。そして聖霊は、わたしのあなたがたへの愛か、あなたがたのわたしへの愛か、あるいはその両方で、絶えずあなたがたの心を打ち砕くことになる。……わたしが天にいるときに聖霊は語るであろう。父とわたしの間にあるのと同じように、わたしとあなたの間には真の結びつきがあり、わたしの中にはあなたに向けた真の愛情があること、そして、御父の心をわたしから離すのと同じように、この結びつきを解いてわたしの心をあなたから離すことは不可能であることを。[3]

＊　＊　＊

聖霊のこの特別な働きについて考えたことがありますか。聖霊は人格をもつ存在であられることを忘れないでください。例えば、聖霊は悲しむことができます（イザヤ63・10、エペソ4・30）。実際の生活の中で、聖霊をそのような存在として扱うとはどのようなことでしょうか。心の通気口を開いて、聖霊によってあおられた暖かい炎として感じられるキリストの愛を受け取るとはどのようなことでしょうか。ここで心に留めておきたいのは、キリストが実際に私たちを愛しておられる度合いを超えて、感じられるキリストの愛という炎を御霊があおぐことはない、ということです。それは不可能です。聖霊は、キリストの心のこもった愛についての私たちの理解を高めて、実際のものに近づけてくださるだけです。双眼鏡を使うと球技が上部の席から実際に見るよりも大きく見えてしまうと心配する人はいません。双眼鏡は、選手を実際の大きさに近く見えるようにするだけです。

イエスはご自身のことを「柔和でへりくだっている」（マタイ11・29）と言われました。それは美しい主張であり、御霊なしであっても人はそれに敬意を払い、驚嘆することさえできます。しかし、御霊はキリストのそのことばを、個人の個性のレベルで内面化するのです。御霊はレシピを実際の味に変えるのです。これがグッドウィンの言っていることです。地上の生活でのイエスの寛大な心について私たちが見聞きするすべては、イエスが天に挙げられた状態の間に、経験的な現実としてイエスの民の意識の中に入るのです。ガラテヤ人への手紙でパウロが「私を愛し、私のためにご自分を与えてくださった、神の御子」（ガラテヤ2・20）と個人的に語るのは、御霊を離れては誰も言えないことを言っているのです。

だからこそ、パウロは別の箇所で、「私たちは、この世の霊を受けたのではなく、神からの霊を受けました。それで私たちは、神が私たちに自由に与えてくださったものを理解するのです」（Iコリント2・12〔ESV〕）と言っているのです。この文章によって聖霊の役割を理解するためには、「理解する」の底にあるギリシア語（オイダ）が、単に知的な理解に限定されるべきではないことを念頭に置く必要があります。この動詞は単に「知る」という意味であり（訳注・新改訳２０１７ではそのように訳されている）、そして聖書の認識論の言語に一般的であるように、ここでの「知ること」は全体的なものであり、知的理解に劣るものではなく、それ以上のものです。それは、雲のない六月の日に顔を空に向けて立っていると太陽が暖かいことがわかるように、経験的に知ることです。パウロは、私たちが神の心の果てしない恵みをずっと下へ深く知るために、御霊が与えられたと言っています。この聖句の「自由に与えてくださった」〔新改訳2017「恵みとして与えてくださった」〕は、「恵み」を意味する一般的なギリシア語（カリス）の動詞形（カリゾマイ）にすぎません。御霊は、私たちが恵みとして与えられているものについての心の知識によって、私たちを目覚めさせ、落ち着かせ、癒やすことを何よりも愛しています。

要約すると、御霊の役割とは、私たちへのキリストの切なる愛情の大いなる心に対する懸念を、ビーチで飲み物を片手に折り畳み式の椅子に座るという体験に変え、実際の体験を味わうことに変えることです。御霊はこのことを再生の時にしっかりと、一度だけ決定的な形で行われます。ただしその後何万回もこれを、私たちが罪や愚かさや退屈さによって、キリストの心を感じる経験から離れていくたびに行ってくださるのです。

原注

1 Thomas Goodwin, *A Discourse of Election*, in *The Works of Thomas Goodwin*, 12 vols. (repr., Grand Rapids, MI: Reformation Heritage, 2006), 9:148.

2 Thomas Goodwin, *The Heart of Christ* (Edinburgh: Banner of Truth, 2011), 18–19.

3 Goodwin, *The Heart of Christ*, 19–20.

14　あわれみの父

「あわれみの父、あらゆる慰めの神」　コリント人への手紙第二1・3〔ESV〕

「神について考えるときに心に浮かぶことは、私たちについて最も重要なことである。」A・W・トウザーの著書『聖なるものへの知識』[1]はそう始まります。キリストの心についての研究であるこの本の目的を理解する一つの方法は、神がどのような方であるかについての心のイメージをより正確なものにしようとすることです。私は、神は遠くにいてけちであるという生まれつきの堕落した直観を後ろに置いて、神は心の柔和でへりくだった方であるという解放的な認識に足を踏み入れるのを助けようとしています。

しかし、この本は神の御子に焦点を当てています。御父についてはどうでしょうか。トウザーのことばを借りれば、御子は柔和でへりくだった存在であり、御父は別の存在であると思い描くべきでしょうか。この章ではその疑問に答えます。

＊　＊　＊

古典的で主流のプロテスタントの贖罪神学では、御子の働きにおいて神の正義の正当性が示され、神の怒りが満たされたと常に理解しています。キリストが生きて、死んで、死人の中からよみがえったのは、おもに道徳的な模範としてではなく、おもにサタンに対する勝利としてではなく、またはおもに自分の愛を示すためではありません。何よりも、御子の働き、特にその死と復活は、御父に対する人間のぞっとする反抗に対する御父の正しい怒りを満足させたのです。御父の怒りはなだめられ、そらされ、和らげられました。

これは、御父の人々に対する気質が御子の気質と異なることを示唆しているのではありません。クリスチャンの間では、御父は御子よりも愛したり赦したりする傾向が、確かにある程度は弱いという認識が一般的です。

これは、聖書が教えていることではありません。

では、御父には満足させられる必要がある怒りがあり、御子はその満足を与えるために必要な働きをしたという事実をどのように理解するのでしょうか。これは、御父と御子では、私たちに対する姿勢が違うことを示唆しているのではないでしょうか。

理解すべき重要なことは、法的な無罪判決のレベルでは、罪人が御父の愛顧のもとに戻されるために御父の怒りは和らげられる必要がありましたが、御父ご自身の内的な願望や愛情のレベルでは、御父は御子と同様にこの贖罪が行われることを熱望していたということです。

客観的には、御父はなだめる必要のある方でしたが、主観的には、御父の心は御子と一つでした。客観的に起きなければならないことに基づいて、御父が主観的にどんな方であるかについて結論を出すと、誤りを犯します。ピューリタンたちは、御父と御子が永遠の昔に、罪深い民を贖い出すことに双方で合意したとしばしば語っています。神学者はこれをパクトゥム・サルティス（贖いの契約）と呼び、世界が創造される前に三位一体の神が合意したことを指しています。御父は御子よりも説得される必要があるのではありません。それどころか、御父が贖いの道を定めたことは、御子が贖いを成し遂げたことと同じく、愛の心を反映しているのです。[2]

後の章では、旧約聖書が、新約聖書でイエスがご自身について述べた「心が柔和でへりくだっている」ということばと一致する形で神について語っているのを見ていきます。今は、新約聖書が御父についてどのように語っているかを考えます。コリント人への手紙第二1・3に焦点を当てましょう。使徒パウロは、手紙の冒頭で次のような礼拝のことばを述べています。

私たちの主イエス・キリストの父である神、あわれみの父〔新改訳2017「あわれみ深い父」〕、あらゆる慰めの父〔新改訳2017「あらゆる慰めに満ちた神」〕がほめたたえられますように。

＊　＊　＊

「あわれみの父」。パウロはコリント人への手紙第二の冒頭で、彼が神について考えたときに自分の心に浮かんだことを垣間見させています。

そう、御父は正義であり、義である。揺るぎなく、果てしなく。このような教理、このような安心感がなければ、いつかすべての過ちが正されるという希望をもつことができません。しかし、神の心とは何でしょう。神の最も深い存在から何が流れ出ているのでしょうか。何を生みだすのでしょうか。あわれみです。

神はあわれみの父です。父親が自分のあり方を反映した子供をもうけるように、神である御父はご自分を反映したあわれみを生むのです。御父とあわれみの間には家族の類似性があります。御父は、「サタンが罪の父と言われる以上に、あわれみの父である」[3]のです。

新約聖書で「あわれみ」（オイクテイルモーン）ということばは二回しか出てきません。そのうちの一つがヤコブの手紙5・11で、神の同情と同義の並列表現になっています。「あなたがたはヨブの忍耐のことを聞き、主によるその結末を知っています。主は慈愛に富み（ポリュスプランクノス）、あわれみに満ちて（オイクテイルモーン）おられます。」本書11章で、イエスの深い同情を表すことばがスプランクニゾマイであることを述べましたが、同じ語根がヤコブの手紙5・11で「慈愛に富み」と訳されていることばの中にあります。ただしここではさらに豊かな意味のあることばで、「大いに」または「非常に」という意味の接頭語（ポリュ）が付いています。ヤコブ5・11によると、主は「大いに慈愛に富む」方なのです。そして、主が大いにまたはたいへん慈愛に満ちておられるということは、主があわれみに満ちておられるということと同義です。

父なる神が「あわれみの父」であるとは、父なる神は、貧しく、道を踏み外した、混乱している、堕落した、さまよっているご自身の民に対し、共感とあわれみを増してくださる方であるということです。キリストのご自身の民への愛について、グッドウィンは御子の心を語ることから御父の心を語ることへと継ぎ目なく移行します。

キリストの愛は、御父が私たちと結婚するように命じたために、キリストが私たちに抱くように努力するだけの強制的な愛ではなく、その性質、気質である。……この気質はこの方にとって自由で自然である。そうでなければ神の御子のはずはないし、天の父に似ているはずもない。この方にとってあわれみを与えるのは自然なことであるが、罰するのはそうではない。これはこの方の奇妙なわざであるが、あわれみはこの方を喜ばせる、この方は「あわれみの父」であり、自然にそれらを生みだされる。[4]

次の章では、あわれみが神の「自然な」わざであり、罰が神の「奇妙な」わざであることの意味に戻ります。今は、「あわれみの父」というラベルが父なる神はどのような方であるかを奥深く理解させるための聖書の方法であることを、グッドウィンがどのように理解させてくれるかに注目してください。三位一体の神の正確な理解とは、裁きを中心的な気質とする御父と、愛を中心的な気質とする御子という理解ではありません。両者の心は一つであり、同じです。結局のところ、これは一つの神であって、二つの神ではないのです。その心は贖いの愛の心であり、正義と怒りを曲げるのではなく、正義と怒りを見事に満足させるものです。

別の場所で、グッドウィンは父なる神のあわれみを熟考しています。それはコリント人への手紙第二1・3のふさわしい黙想です。

神はあらゆる種類のあわれみを数多くもっておられる。私たちの心と悪魔がさまざまな罪の父であるように、神はさまざまなあわれみの父であられる。神がそれに対してあわれみをもたれない罪や悲惨はない。あらゆる種類の多数のあわれみをおもちである。

被造物が支配されているさまざまな悲惨があるようにこの方はご自身の中に、あらゆる種類のあわれみの店、宝庫をもっておられ、それは聖書の中のいくつかの約束に分けられる。これは、この宝のたくさんの箱、さまざまなあわれみの棺のようなものにすぎない。

あなたの心がかたくななら、そのあわれみは優しい。

あなたの心が死んでいるなら、それを活気づけるあわれみをおもちである。

あなたが病気であるなら、あなたを癒やすあわれみをおもちである。

あなたが罪深いなら、あなたを聖なるものとしきよめるあわれみをおもちである。

私たちの求めるものが大きくて多様であるように、神のあわれみは大きくて多様である。だから私たちは、必要な時に助けてくれる恵みとあわれみ、あらゆる必要に対するあわれみを見いだすために、大胆に来ることができる。ご自分の心の中にあるすべてのあわれみを、約束の庭のいくつかの花壇に移植すると、そこで成長し、そして魂の病気のあらゆる種類に適した、豊富な種類のあわれみをおもちなのである。

＊　＊　＊

神について考えるとき、私たちは何を思い浮かべるべきでしょうか。三位一体の神は、三つで一つであり、無限のあわれみの泉です。そのあわれみは、私たちの多くの必要と失敗とさまよいすべてにおいて、私たちに及び、私たちと出会い、溢れんばかりに養ってくれます。これが神の姿であり、御父であると同時に御子であり、御子であると同時に御父なのです。

そして、いかなる時でも私たちが意識している以上に、御父の優しい配慮は、追求する優しさで私たちを包み込み、人生の隅々まで優しく支配しています。御父は主権をもって、木から落ちる葉っぱのはためきやそれを叩き落とす風の、特定の角度を定めておられます（マタイ10・29〜31）。そして悪しき頭脳が爆発させる爆弾も主権をもって決められるのです（アモス3・6、ルカ13・1〜5）。けれども、大なり小なり、人生に流れ込むすべてのものを通して、またその下にあって、それを燃え立たせているのは、御父の心です。

父なる神とは。それは、私たちの御父です。私たちの中には偉大な父親をもって育った人もいれば、父親からひどい虐待を受けたか、見捨てられた人もいます。いずれにしても、この世の父親の良さは、私たちの天の父の本当の良さをおぼろげに指し示すものです。そしてこの世の父親の悪いところは、天の父の姿を撮影したネガフィルムのようなものです。すべての人間の父は、天の父の影となります（エペソ3・15）。

ヨハネの福音書14章でピリポがイエスに、弟子たちに御父を見せてほしいと頼みます（ヨハネ14・8）。イエスは答えます。「ピリポ、こんなに長い間、あなたがたと一緒にいるのに、わたしを知らないのですか。わたしを見た人は、父を見たのです。どうしてあなたは、『私たちに父を見せてください』と言うのですか。わたしが父のうちにいて、父がわたしのうちにおられることを、信じていないのですか」（ヨハネ14・9〜10）

「わたしを見た人は、父を見たのです」

新約聖書の他の箇所では、キリストを「神の栄光の輝き、また神の本質の完全な現れ」と呼んでいます（ヘブル1・3）。イエスは、神が誰であるかを体現しています。触れることのできる、神の概括です。イエス・キリストは、目に見えない神の、目に見える形での現れです（Ⅱコリント4・4、6）。イエスの中に私たちは、天の永遠の心が時間と空間の中を二本足で歩き回っているのを見ます。ですから、四つの福音書を通じてキリストの心を見るとき、神ご自身の最も深いところのあり方の思いやりと優しさを見ているのです。

あなたに対する御父の心を考えるとき、御父はあわれみの父であることを思い出してください。御父はあなたへの優しさにおいては慎重ではありません。あなたのすべての必要に合わせてあわれみを増やしてくださり、それ以上なさりたいことはありません。ピューリタンのジョン・フラベルは、「すべての被造物がその御手の中にあるこの神が、あなたの父であり、あなたが自分自身に対して行うよりも、あるいは行うことができるよりも、はるかにあなたに優しいことを覚えておいてほしい[6]」と述べました。あなたの自分自身に対する最も優しい扱いは、天の御父があなたを扱う方法よりは優しくありません。あなたに対する御父の優しさは、あなたが自分に対してできることさえ凌駕しているのです。

キリストの心は柔和でへりくだっています。そしてそれは、御父の姿を完璧に表しています。「父ご自身があなたがたを愛しておられるのです」（ヨハネ16・27）

原注

1 A. W. Tozer, *The Knowledge of the Holy* (New York: HarperCollins, 1961), 1.〔邦訳はA・W・トウザー『神の再発見』土屋順一訳、いのちのことば社、一九六七年〕

2 例えば、*The Works of John Flavel*, 6 vols. (Edinburgh: Banner of Truth, 1968), 1:61における、罪人を救うための御父と御子の間の「会話」についてのフラベルの感動的な推測を参照。フラベルのこの箇所に注意を向けさせてくれたことで筆者の父レイ・オートランドに感謝している。また、グッドウィンの著作 *Man's Restoration by Grace* も参照。贖いのわざにおける三位一体の明確な役割、それでも相互的な合意を概観した短い本である。Thomas Goodwin, *The Works of Thomas Goodwin*, 12 vols. (repr., Grand Rapids, MI: Reformation Heritage, 2006), 7:519–41.

3 Goodwin, *Works*, 2:179.

4 Thomas Goodwin, *The Heart of Christ* (Edinburgh: Banner of Truth, 2011), 60.

5 Goodwin, *Works*, 2:187–88. Cf. Goodwin, *Works*, 2:180, そこでもⅡコリント1・3を引用している。「この

方はすべてのあわれみの泉なので、父にとって子をもうけることが自然であるように、そのことはこの方にとって自然である」

6　John Flavel, *Keeping the Heart: How to Maintain Your Love for God* (Fearn, Scotland: Christian Heritage, 2012), 57.

15　主の「自然な」わざと「奇妙な」わざ

「主が……心から苦しめ悩ませることはない」
哀歌3・33〔ＥＳＶ〕

この時点で、旧約聖書に目を向けてみましょう。これまで新約聖書から、キリストの心、さらには御父の心を考えてきました。これは旧約聖書とどのように一致するのでしょうか。旧約聖書での数章を過ごした後、新約聖書に戻って最後の数章で学びを締めくくります。

この章と次の三つの章で実証したいのは、キリストがご自分の心の奥底にあるものを柔和でへりくだったものとして明らかにされるのを見るとき、それは旧約聖書を通して神がご自身についてすでに明らかにしておられたことの自然な軌道を続けておられるということです。イエスは、神がどんな方であるかについて新たな鋭さを与えますが、根本的に新しい内容はありません。福音書自体が、旧約聖書を「謙遜な」（マタイ21・5〔ＥＳＶ〕）[1]救い主のために私たちを準備するものとして理解していたことを示しています。受肉した御子は、神がどのような方であるかについての私たちの理解を、新しい方向に振り落とすことはなさいません。単に、何世紀にもわたって神がすでに人々に納得させようとしておられたことを、かつてないほどの肉と血のある現実として提供しておられるのです。カルヴァンが言ったように、旧約聖書は神の影のような啓示であり、真実ではあるがおぼろげです。新約聖書は実質的なものです。[2]

旧約聖書における神の心を考える上で、良い出発点となるのが哀歌3章です。

＊　＊　＊

聖書の中で哀歌ほど、深い感情が文学的な複雑さに加わった印象的な書はありません。記者（おそらくエレミヤ）は、紀元前五八七年のバビロニア人によるエルサレム破壊と、その後に続く飢餓、死、絶望の恐怖を嘆き、胸の内を明かしています。それでも、文学的に細心の注意を払って作られた五つの華麗な詩の連なりでその心を表現しています。このことは、英語の聖書での詩形を見ればわかります。章や節の番号が加えられたのは哀歌が書かれた後、何世紀も経ってですが、現代の聖書でのこれらの区分は哀歌自体の明確な区分を反映しています。五つの章のうち、最初の二つと最後の二つがそれぞれ二十二節であることに気づくでしょう。中間の第三章は、その三倍の六十六節です。各章は、それ自体が緻密に構成された嘆きのことばです。

このような全体的な構成を考えると、文字通りの文学的な頂点は、3章の33節であると理解できます。これは、この書のちょうど真ん中に位置し、この書の心を捉えています。哀歌3・33は、この哀歌の書を一言で言い表しています。

それは何を言っているのでしょうか。それは、次のような神学とともに、神の最終的なあわれみと回復に対する周囲の保証の根拠となっています。

主が人の子らを、
心から〔ESV。新改訳2017「意味もなく」〕、苦しめ悩ませることはない。

この箇所には、暗黙の前提と明示的な言明があります。暗黙の前提とは、神は確かに苦しめる方であるということです。明示的な言明とは、心からそうするのではないということです。

明示的な言明に移る前に、暗黙の前提を完全に受け入れる必要があります。神が心から行うこと、あるいは行わないことについて語るとき、私たちは神の主権的な支配をより大きく限定しているわけではありません。確かに、神が私たちのすべての苦悩に主権をもっておられると信じている度合いに応じて、神が心から私たちを苦しめることはないと慰められることができるのです。

そうであるなら、まず第一に、良いことも悪いことも、すべての物事に対する完全な神の主権の美しさを覚えます。ぶつけたつま先、ポイズンアイビー[1]、陰口を言う友人、慢性的な首の痛み、私たちの味方になってはくれず人にはいい顔をする上司、道を踏み外した子供、午前二時の嘔吐、和らぐことのない憂鬱の闇。ベルギー信条[2]は、神の摂理に関する教えの中で、万物に対する神の統治を見事に表現しています。神の摂理について、その一部を紹介します。

この教理が言いようのない慰めを与えてくれるのは、私たちに偶然に起こることは何もなく、ただ私たちの恵み深い天の父の計らいによるものであると教えるからである。天の父は、父親としての配慮をもって私たちを見守り、すべての被造物をその主権の下に支えておられるので、私たちの頭の毛の一本も（すべて数えられているので）、小鳥一羽さえも、御父の意志によらずに地に落ちることはない。（第13条）

哀歌の中には、このような神の主権という率直な見解が随所に見られます。例えば3章を一目見ると、「主」で始まる節が次々と出てきます。神ご自身がイスラエルにもたらしたすべての惨状を記者が語るからです（3・2～16）。

しかし、この書全体の神学的な中心部分では、神はそのような苦痛を「心から」もたらすのではないと言われています。

＊　＊　＊

この哀歌では、聖書は私たちを神ご自身の中に深く導いていきます。すべてのものを支配し、定めている方は、ある種の神的な不本意さをもって、私たちの人生に苦難をもたらされます。その苦痛を通してもたらされることになる究極的な善については不本意ではなく、確かにそのためにこそなさっているのです。しかし、その苦痛を送る際に、神の中で何かが反発します。痛みそのものは、神の心を反映していません。神は、私たちが感じる御手からの現実の痛みや苦悩から切り離された形で天のレバーと滑車を引く精神的力ではありません。もし私に神の完璧さを疑わずに言うことができるなら、神は、私たちの人生に苦難をもたらすときご自分の中で葛藤しておられるのです。バビロニア人が都を駆け抜ける中で、神は確かにイスラエルが道を踏み外したことを罰しておられます。彼らにふさわしいものを送っておられます。しかし、神の最も深い心は、彼らのあわれみ深い回復です。

グッドウィンはこう説明します。

兄弟たちよ、神は正しい方であるが、そのあわれみは、神が示すすべての正義の行為（つまり、懲罰的な正義）よりも、神にとって自然なものであるとある意味で言えるかもしれない。このような正義の行為には、神が罪人と対応し罪人と同等であるということにおいて、ある属性への満足がある。それでも、そこにはご自身になされるある種の暴力があり、聖書は確かにそれを表現している。その中には神に反するものがあるのである。「わたしは罪人の死を望まない」、つまり、快楽のために単純にそれを望まない。……主が正義の行為を行われるとき、それはより高い目的のためであり、単にそのこと自体のためではない。主の心の中には常にそれに反対するものがある。

しかし、あわれみを示すために来るとき、それがご自身の性質であり気質であることを明らかにされるとき、心を込めてそれを行うと言われている。主の中に、それに反対するものは全くない。その行為自体が主を喜ばせる。主の中には不本意はない。

それゆえ哀歌３・33では、罰することについて語るとき、「主が人の子らを、心から苦しめ悩ませることはない」と言っている。しかし、あわれみを示すことについて語るために来るとき、エレミヤ書32・41の表現のように、「心と思いを込めて」行うと言う。そのため、イザヤ書28・21〔ＫＪＶ〕では、正義の行為は主の「奇妙なわざ」および「奇妙な行為」と呼ばれている。しかし、あわれみを示すために来るとき、主は心を込めて、思いを込めて、彼らに良いことをするために、彼らを喜んでおられる。[3]

グッドウィンはここで他のテキストをいくつか持ち込んでいます。エレミヤ書32・41では、神がご自身の回復の働きについて、「わたしは彼らをわたしの喜びとし、彼らを幸せにする。わたしは、真実をもって、心と思いを込めて、彼らをこの地に植える」と述べています。また、イザヤ書28・21では、神の裁きの活動が「奇妙な」「異質な」〔ESV等。新改訳2017では「不可思議」「意外」〕働きと呼ばれています。これらのテキストを哀歌3・33と結びつけることでグッドウィンは、神の最も深い心が何であるか、つまり、神が喜んで行われること、神にとって最も自然なことが何であるかについて、聖書の啓示を引き出しているのです。あわれみは神にとって自然なことであり、罰は不自然なのです。

私たちの中には、神の心を冷淡で、すぐに怒るものと考える人もいます。主の心を冷たく、不安に駆られるものと見なす人もいます。旧約聖書は、神のありさまについてのこのような人間の生来の期待に逆らう心をもった神を描いています。

ここでは、慎重に歩まなければなりません。神の属性はすべて譲れないものです。例えば、神が今のあり方でなくなることは、まるで良い存在でなくなろうとするのと同じように、神を神でなくすることです。神学者は神の単純性について語りますが、これは、パイの各部分がパイ全体を構成しているのとは違って、神がいくつかの属性の総体ではないという意味です。むしろ、神は完全にそれぞれの属性なのです。神は部分に分かれません。神は公正で、怒りに満ち、良い方、といった具合に、それぞれが限りなく完璧なのです。

神ご自身の心の問題についても、聖書の最初のページには複雑さが見られます。天地創造の後、神が最初に下した二つの大きな決断は、いずれも神の心の問題だと言われています。すなわち、ノア以外のすべての肉なるものを滅ぼすことと（6・6）、ノアのささげ物を受け入れて二度と地上を洪水にさらさないと決めること（8・21）です。神は、裁きもあわれみも心から決めるほど複雑な方でもあるように見えます。

しかし同時に、私たちが聖書の証言に忠実に従い、完全に身を任せるならば、別のより深い角度から、神からほかより自然に注がれるものがあるという、息を呑むような主張に導かれます。神は揺るぎない正義の方です。しかし、その気質はどのようなものでしょうか。何をしたくてたまらないのでしょうか。もし私が不意を突かれたら、冷静さを取り戻す前に私から飛び出してくるのは、たぶん不機嫌です。もし神が不意を突かれたら、最も自由に飛び出してくるのは祝福です。良いことをしたいという衝動。私たちを喜びで呑み込もうとする気持ちです。[4] だからこそグッドウィンは神について、「その属性はすべて、その愛を際立たせるためにのみあるようだ[5]」と言うことができるのです。

旧約聖書のもう一つの重要なテキストは、ホセア書11章です。そこでは、イスラエルが霊的な姦淫を行い、神という恋人を捨てたことに引き続いて、神がイスラエルに対してどのような思いを抱いているかを、感動的な愛情表現で語っています。「イスラエルが幼いころ、わたしは彼を愛し」（ホセア11・1）、そして実際に「このわたしがエフライムに歩くことを教え、彼らを腕に抱いたのだ。……わたしは人間の綱、愛の絆で　彼らを引いてきた。……彼らに手を伸ばして食べさせてきた」。しかし、このような優しい配慮にもかかわらず、「わたしの民は頑なに　わたしに背いて」（11・7）、偶像礼拝から離れようとしません（11・2）。

では、神の反応はどうでしょうか。

エフライムよ。わたしはどうして
あなたを引き渡すことができるだろうか。
イスラエルよ。どうして
あなたを見捨てることができるだろうか。
どうしてあなたを
アデマのように引き渡すことができるだろうか。
どうしてあなたを

ツェボイムのようにすることができるだろうか。
わたしの心はわたしのうちで沸き返り、
わたしはあわれみで胸が熱くなっている。
わたしは怒りを燃やして
再びエフライムを滅ぼすことはしない。
わたしは神であって、人ではなく、
あなたがたのうちにいる聖なる者だ。
わたしは怒りをもっては来ない。（ホセア11・8～9）[3]

このテキストは7章で見ました。ここでそのテキストを思い出したのは、それが哀歌3章に似た方法で神の心へ続く独自のトンネルを掘っているからだけではなく、ホセア書11・8についての注釈でジョナサン・エドワーズが、哀歌3章について右でグッドウィンが言っていることと驚くほど似たことを言っているからです。エドワーズはこう書いています。「神は人や民の破壊や災難を喜ばれない。むしろ、彼らが向きを変えて平和でい続けることを望んでおられる。彼らがその悪しき道を捨てるならば、神はたいへん満足される。御怒りを彼らに下す機会がなくなるからである。この方はあわれみを喜ぶ神であり、裁きは神の奇妙なわざである」[6]

聖書の導きに従って、エドワーズとグッドウィンは共に、あわれみを神が最も深く喜ぶものと呼び、裁きを神の「奇妙なわざ」と呼んでいます。

＊　＊　＊

ジョナサン・エドワーズやトーマス・グッドウィンのような過去の偉大な神学者からのこの教えについて読み、考えていくとき、彼らが裁きを神の「奇妙な」わざと呼んでいるのは、神の怒りと正義を薄めた意味からではないことを理解する必要があります。

エドワーズは、「怒れる神の御手の中にある罪人」という説教で最も有名です。この説教は、神の怒りの下にある悔い改めない者の不安定な状態を恐ろしく描いたものです。「罪人の破滅における神の正義」などの説教に比べれば、それほど恐ろしくないのですが。これこそ、神は「あわれみを喜びとするが、裁きは神の奇妙なわざである」と断言した人なのです。

グッドウィンについて言えば、彼は一六四〇年代にイギリスでウェストミンスター信仰基準が創設された際に、他のどの聖職者よりも多く（三百五十七回）会場で立ち上がって発言しました。この信仰基準は、あの偉大で正確な、地獄の存在を信じる、神の怒りを肯定する、次のような信仰の声明です。すなわち、キリストから離れた者が今死ぬと、「地獄に投げ込まれ、そこで苦悩と全くの暗闇の中にとどまり、大いなる日の裁きのために備えられる」（ウェストミンスター信仰告白32・1）。そして最後の審判では「神を知らず、イエス・キリストの福音に従わない悪人たちは、永遠の苦しみの中に投げ込まれ、主の御前から永遠の滅びによって罰せられる」（33・2）という信仰です。これがグッドウィンの神学であり、彼はそれを作り上げる上で誰よりも影響力をもっていました。グッドウィン自身が書いたものについては、「神の怒りとそのみことばが人間を永遠に苦しめる」地獄の「最も絶妙な苦痛」について書くことを彼はためらいませんでした。なぜなら、神は罪に固執して悔い改めない者を「絶妙に拷問する方法を知っている」からであると。[7]

エドワーズ、グッドウィン、そして彼らがその中に立つ神学的流れは、感傷的すぎるものではありませんでした。彼らは神の怒りと永遠の地獄を肯定し、説教し、教えました。これらの教理を聖書の中に見ていました（一つだけテキストを挙げると、Ⅱテサロニケ1・5〜12）。けれども、自分たちの聖書を熟知し、聖書に几帳面に従っていたので、聖書の中に、神が最も深いところでどのような方なのかについて、神の心について教えている部分があることを見分けてもいました。

そしてこれが、おそらく、時を経ても変わらない彼らの影響力の秘訣なのです。気まぐれな神の民に対する神の心を感じたことがなく、神から自然に注がれるものを味わったことのない、ある種の説教や聖書の教えがあり、その正確さにもかかわらず、最終的に聞く人を死に至らしめます。ピューリタンや大覚醒の偉大な説教者たちはそうではありませんでした。彼らは、神がご自分の民に惜しみない善を計画されるとき、それは神のあり方の深みを反映したある種の自然さをもってなされることを知っていました。神があわれみ深いことは、神が神であることなのです。

神についての私たちの自然な直観に任せると、あわれみは神の奇妙なわざであり、裁きは神の自然なわざであると結論づけてしまいます。裁きは神の奇妙なわざであり、あわれみは神の自然なわざであると、過去の偉大な教師たちの助けを借りて、聖書を学びながら神のビジョンを配線し直す必要があります。

神は人の子らを苦しめ、悲しませます。しかし、それは主の心からではありません。

原注

1　ゼカリヤ9・9〔ESV〕から「あなたの王があなたのところに来る。……謙遜な者で、ろばに乗って」という預言を引用しているマタイ21・5〔ESV〕で「謙遜な」というギリシア語は、マタイ11・29でイエスがご自身を「柔和」と呼ぶときに使われているのと同じことば（プラウス）である。

2 John Calvin, *Institutes of the Christian Religion*, ed. John T. McNeill, trans. Ford L. Battles, 2 vols. (Louisville, KY: Westminster John Knox, 1960), 2.11.1–12.

3 Thomas Goodwin, *The Works of Thomas Goodwin*, 12 vols. (repr., Grand Rapids, MI: Reformation Heritage, 2006), 2:179–80.

4 神の単純性の特に有益な説明は Herman Bavinck, *Reformed Dogmatics*, ed. John Bolt, trans. John Vriend, 4 vols. (Grand Rapids, MI: Baker, 2003–2008), 2:173–77 である。Bavinck は神の単純性を、神が「最高の愛」(2:176) であることに必然的に伴うものと見ている。

5 Goodwin, *Of Gospel Holiness in the Heart and Life*, in *Works*, 7:211.

6 Jonathan Edwards, "Impending Judgments Averted Only by Reformation," in *The Works of Jonathan Edwards*, vol. 14, *Sermons and Discourses*, 1723–1729, ed. Kenneth P. Minkema (New Haven, CT: Yale University Press, 1997), 221. 同様に miscellany 1081 in *The Works of Jonathan Edwards*, vol. 20, The "Miscellanies," 833–1152, ed. Amy Plantinga Pauw (New Haven, CT: Yale University Press, 2002), 464–65.

7 Goodwin, *Works*, 7:304, 305.

訳注

〔1〕触るとかゆみや発疹、場合によっては呼吸反応を引き起こす植物。

〔2〕多くの改革派教会が同意する教理についての基準文書の一つ。十六世紀にギ・ド・ブレーらによって作成され、十七世紀にはドルト教会会議でハイデルベルク信仰問答およびドルト信仰基準とともにオランダ・ベルギー改革派教会の信仰告白と確定された。以後オランダならびに欧米の改革派系諸教会の信仰基準の一つとなっている。

〔3〕ＥＳＶ。９節後半は新改訳２０１７では「わたしは町に入ることはしない」。

16　主、主は

「主は、あわれみ深く、情け深い神。怒るのに遅く……」　出エジプト記34・6

神とはどのような方か。

旧約聖書の中で、この問いに答える箇所を一つだけ選ぶとしたら、出エジプト記34章を超える箇所はないと思います。神は、岩の裂け目に置いたモーセの前を神の栄光が通り過ぎるようにして、モーセにご自身を明らかにしようとしておられます（33・22）。その決定的な瞬間を、聖書は次のように述べています。

主は彼の前を通り過ぎるとき、こう宣言された。「**主**、**主**は、あわれみ深く、情け深い神。怒るのに遅く、恵みとまことに富み、恵みを千代まで保ち、咎と背きと罪を赦す。しかし、罰すべき者を必ず罰して、父の咎を子に、さらに子の子に、三代、四代に報いる者である。」（出エジプト34・6～7）

受肉のことは不足していますが、これは聖書全体の中で神の啓示の頂点と言えるでしょう。その点を実証する客観的な一つの方法は、このテキストが旧約聖書の他の箇所でどれほど頻繁に取り上げられているかということです。モーセに続く預言者たちは何度も、神がどのような方であるかを主張するために出エジプト記のこの二つの節を用いています。そのうちの一つは、先ほど考察した哀歌3・33の直近の文脈にあります。哀歌3・33の前の節で、神は「その豊かな恵みによって、人をあわれまれる」（3・32）と表現されており、出エジプト記34・6〜7の啓示の基礎となるいくつかの重要なヘブル語の単語が使われています。ほかにも、民数記14・18、ネヘミヤ記9・17、13・22、詩篇5・8、69・14、86・5、15、103・8、145・8、イザヤ書63・7、ヨエル書2・13、ヨナ書4・2、ナホム書1・3など、多くのテキストが同様に出エジプト記34章を反響させています。

出エジプト記34・6〜7は、一過性の記述、周辺的なさりげない意見ではありません。このテキストでは神がどのような方であるかの中心に乗り込むのです。旧約聖書学者のウォルター・ブルッゲマンは、著書『旧約聖書の神学』の中でこのテキストに特別に注目し、「ヤハウェの非常に重要で、様式化された、かなり自意識的な性格描写、イスラエルが定期的に立ち返った古典的な規範声明のようなものと見なされるほど研究された定式化で、『信条』のラベルに値する」[1]と呼んでいます。

では、神がどんな方であるかについてのイスラエルの「信条」は何でしょうか。
私たちが期待するようなものではありません。

＊　＊　＊

「神の栄光」ということばを聞いて、あなたは何を考えますか。宇宙のとてつもない大きさを思い描きますか。雲の中からの雷鳴のような恐ろしい声でしょうか。

出エジプト記33章でモーセは神に「どうか、あなたの栄光を私に見せてください」（33・18）と頼みます。神はどのように答えられるでしょうか。「わたしのあらゆる良きものをあなたの前に通らせ……る」（33・19）。良きもの？　神の栄光とは神の偉大さに関わることであって、善良さの問題とは違うのではないでしょうか。そうではないようです。神は続いて、ご自分の意志で誰にでもあわれみと恵みを与えることを話されます（33・19）。そして、モーセに、岩の裂け目に彼を置くことと、（もう一度）ご自分の栄光が通り過ぎることを語られます（33・22）。そして、主は確かに通り過ぎていきますが、（もう一度）34・6～7で、ご自身の栄光をあわれみと恵みの問題として定義しています。

……あわれみ深く、情け深い神。怒るのに遅く、恵みとまことに富み、恵みを千代まで保ち、咎と背きと罪を赦す。しかし、罰すべき者を必ず罰して、父の咎を子に、さらに子の子に、三代、四代に報いる者である。

神の栄光について語るとき、私たちは神がどのような方であるか、どのような存在であるか、特有の輝き、神を神たらしめるものについて語っています。そして、神ご自身がご自分の栄光が何であるかについて条件を決められるとき、神は私たちを驚かせ、不思議に思わせます。私たちの深い本能は、神が雷鳴のようにとどろき、裁判官の小槌を振り回し、裁きを下すのを楽しんでいることを期待します。神の心には、私たちが道を踏み外したことへの懲罰になる傾向があると思っています。するとそのとき出エジプト記34章は、私たちの肩をポンとたたいて、私たちを立ち止まらせます。神の心の傾向はあわれみです。神の栄光は神の善良さです。神の栄光は神のへりくだりなのです。「**主**の栄光が大きいからです。まことに主は高くあられますが　低い者を顧みてくださいます」（詩篇138・5～6）。

出エジプト記34・6～7のことばを考えてみましょう。

「あわれみ深く、情け深い。」これらは、神の名前（「主」または「わたしはある」）を宣言した後、神ご自身の口から出た最初のことばです。最初のことばなのです。イエスがご自身の心を表すのに使うことばは、「柔和」と「へりくだっている」の二つだけです（マタイ11・29）。

そして、神がご自身のことを表現するために使う最初の二つのことばは、「あわれみ深い」と「情け深い」です。神はご自分の栄光を、「主、主は、厳格で几帳面な方」、あるいは「主、主は、寛容で寛大な方」、「主、主は、失望して挫折した方」とは明かされません。神の最優先事項であり、深い喜びであり、最初の反応であるもの、すなわち主の心は、あわれみ深く、寛大です。ご自身の条件で私たちを圧倒するのではなく、私たちの条件に優しく合わせてくださるのです。

「怒るのに遅く。」ヘブル語では「鼻孔の長い」と表現されます。怒った雄牛を想像してみてください。地面を叩き、音を立てて呼吸し、鼻孔が開いています。それはいわば、「鼻が短い」ということになります。しかし、主は鼻が長いのです。引き金に指をかけていません。主の怒りを引き出すには、挑発の蓄積が必要です。今にも決壊しそうな感情のダムをもつ私たちと違って、神はたくさんのことを我慢なさることができます。だからこそ旧約聖書に、神がその民によって「怒りを引き起こされる」ことが何度も繰り返し語られているのです（特に申命記、列王記第一・第二、エレミヤ書）。しかし、神が「愛を引き起こされる」とか「あわれみを引き起こされる」とは一度も言われていません。神の怒りは挑発を必要とし、神のあわれみは抑え込まれて今にも噴出しそうです。私たちは、神の怒りは溜まっていてバネ仕掛けのようなものであり、神のあわれみはゆっくり築かれるものだと考えがちです。しかし、それは正反対です。神のあわれみは、ほんの少し刺しただけでもすぐに噴き出す準備ができています[2]（堕落した人間の場合、これが逆になっていることが新約聖書からわかります。ヘブル10・24によると、私たちは愛するように互いに刺激し合わなければなりません。ヤハウェは愛するための刺激を必要とせず、怒るためにだけ必要なのです。私たちには、怒るための刺激は必要なく、愛するためには必要です。繰り返しになりますが、聖書は、神とは実際にどんな方かという私たちの自然な見方を解体しようとする長い試みなのです）。

「恵み〔訳注・ＥＳＶ「揺るぎない愛」〕とまことと〔ＥＳＶ「忠実」〕に富み。」これは契約の言語です。英語の「揺るぎない愛」という語句の裏には、ヘブル語の一つの単語があります。その単語はヘセドで、神が喜んでご自身を破れない契約の絆で結びつけた民への特別なコミットメントを指します。「忠実」ということばもこのことを意味しています。神は、民の側にそうされる理由があるにもかかわらず、決して諦めて投げ出してしまわれません。見捨てられるにふさわしい私たちを見捨てたり、私たちが自分を傷つけた相手にするように私たちから心を引き離したりするという考えを抱くことさえも拒否されます。したがって、神は単に広い心の契約のコミットメントの中に存在するのではなく、その中に満ちておられるのです。

私たちに対する主の断固としたコミットメントは決して枯渇しません。

「恵みを千代まで保ち。」これは、申命記7・9〔ＥＳＶ〕で明確に述べられているように、

「千代に対して揺るぎない愛を守る」とも訳せます。「あなたは、あなたの神、**主**だけが神であることをよく知らなければならない。主は信頼すべき神であり、ご自分を愛し、ご自分の命令を守る者には恵みの契約を千代までも守られる」（申命7・9）。これは、千一世代目で主の善意が遮断されるという意味ではありません。これは神なりの言い方です。「あなたに対する約束に終了日はない。あなたへのわたしの恵みを取り除くことはできない。わたしのあわれみを走って逃れることはできない。わたしの善意を避けることはできない。わたしの心はあなたに向いている」という意味です。

「父の咎を子に、さらに子の子に、三代、四代に報いる者である。」この締めくくりの要素は、最初は耳ざわりのよいものではありませんが、必要不可欠です。そしてよく考えてみると、さらなる慰めを育ててくれます。これがないと、前に来ることが単なる寛大さと誤解されかねません。しかし、神はお人よしではありません。宇宙で唯一の完全に公平な方です。神は侮られません。私たちは自分が蒔いたものを刈り取るのです（ガラテヤ6・7）。罪と咎は世代から世代へと受け継がれます。これは周囲のいたるところで見られます。しかし、神の言われることに注目しましょう。神の契約の愛は千代にまで流れていきますが、神はある世代の罪の報いを三世代か四世代にと及ぼされます。この違いがわかりますか。そう、私たちの罪は子や孫に受け継がれていくのです。しかし、神のいつくしみは、私たちの罪を容赦なくすべて呑み込む形で受け継がれます。神のあわれみは、三世代か四世代をはるかに超えて、千世代に伝わるのです。

＊　＊　＊

それが神はどんな方かということです。それが、神ご自身の証言によれば、神の心です。出エジプト記34・6〜7の非対称性は、私たちを驚かせます。あわれみと愛が大きく迫り、報復的正義は認められてはいますが、ほとんど必要なあとづけとしてです。ジョン・オーウェンは、この箇所の解説で次のように述べています。

〔神は〕私たちがご自身を知り恐れるように、御名によってご自身の本質を十分に、厳粛に宣言したとき、ご自身の慈しみと寛容を私たちに確信させる特性を列挙することによってそれを行い、すべてが終わるまで、ご自身の慈しみを軽視する者以外には行使されないものとしての、ご自身の厳しさについては言及なさらなかった。[3]

ピューリタンは、モーセへのこの啓示において神がその最も深い心を私たちに開いておられることを理解しました。旧約聖書の中の最高の神の啓示において神ご自身は、あわれみの伝達を、すぐに同じように怒りの伝達と釣り合わせる必要を感じておられません。むしろ、リチャード・シッブズのことばを借りれば、ご自身について「すべてが甘美な属性で覆われている」と語っておられます。シッブズは続けてこう言います。「もし、神の名を知り、神が喜んでご自身を私たちに示す姿を見たいなら、神がそこで宣言しているそれらの名によって神を知ろうではないか。その際、福音における主の栄光は、特にあわれみの中で輝いていることを示しておられる[4]」

出エジプト記34章に見られること、そしてオーウェンとシッブズが確認したことは、聖書の他の部分に反映されています。たとえばイザヤ書54・7～8で主はこう言われます。

わたしはほんの少しの間、あなたを見捨てたが、
大いなるあわれみをもって、あなたを集める。
怒りがあふれて、少しの間、
わたしは、顔をあなたから隠したが、
永遠の真実の愛をもって、あなたをあわれむ。

クリスチャンの人生とは、ある角度から見ると、神がどんな方であるかについての生まれ

つきの思い込みを何十年にもかけて衰えさせ、どんな方であるかについての神ご自身の主張にゆっくりと置き換えていく長い旅です。これは大変な作業です。神の深い心が「あわれみ深く、情け深く、怒るのに遅い」ということを信じるには、たくさんの説教とたくさんの苦しみが必要です。創世記3章の堕落は、私たちを非難と追放に送り込んだだけではありません。堕落は、私たちの心に神に対する暗い考えも植え付けました。この考えは、何年もかけて何度も福音に触れなければ掘り出せないものです。おそらく、今日、あなたの人生におけるサタンの最大の勝利は、あなたが定期的にふけっている罪ではなく、神の心についての暗い思いです。あなたはまずその思いへ行かされ、その結果、神に対して冷淡でいるのです。

しかし、もちろん、神がどんな方であるかの最終的証明は、出エジプト記ではなく、マタイ、マルコ、ルカ、ヨハネの福音書にあります。出エジプト記33〜34章では、モーセは神の顔を見て生きていることはできませんでした。そうするならば焼き尽くされるからです。しかし、いつの日か人間が、そうしても焼き尽くされない方法で神の顔を見たとしたらどうでしょうか。ヨハネが「ことば」が人となったことを語るときに「私たちはこの方の栄光を見た」と言い、モーセが見たいと願って見られなかったものが、「恵みとまことに満ち」ておられる（ヨハネ1・14。キリストを、出エジプト34・6の神と同じ特徴を完全にもっている者とみなす）のを、私たちは見たのだと述べています。

ヨハネは、さかのぼって出エジプト記33～34章との関連を描いた唯一の福音書記者ではありません。次のことを考えてみてください。出エジプト記34章の啓示は、奇跡的な給食（出エジプト16・1～36）と安息日の議論（31・12～18）に続き、神の代表的な指導者が山の上で神と語ることを含み（32・1、15、19、34・2、3、29）、神の民が、神の代表的な指導者が山から降りてくるときに、その指導者におびえ、静められ、近づき、一緒に話をすることで締めくくられます（34・30～31）。その後すぐに、礼拝の対象が民のただ中にいて進んでいかれる様子に民が驚嘆することが語られ（34・9～10）、その後、神の代表的な指導者と神とのさらなる出会いと、その結果指導者の顔が輝くことが語られています（34・29～33）。

これらの物語の詳細の一つ一つが、マルコの福音書6・45～52とその周辺の文脈で、イエスが水の上を歩く際に語られているのです[5]。

ここで、ガリラヤ湖で船漕ぎに奮闘している弟子たちを、イエスが「通り過ぎる」つもりであった理由が見えてきます。テキストには、「イエスは、弟子たちが向かい風のために漕ぎあぐねているのを見て、夜明けが近づいたころ、湖の上を歩いて彼らのところへ行かれた。そばを通り過ぎるおつもりであった」（マルコ6・48）とあります。なぜ通り過ぎるつもりだったのでしょうか。イエスは単に、高速道路で一台の車が他の車を回避するように、弟子たちを「通り過ぎる」つもりではなかったからです。その通り過ぎ方ははるかに重要なもので、旧約聖書を背景にして初めて理解できます。出エジプト記33～34章で、主はモーセを「通り過ぎる」と四回言っておられますが、七十人訳（ギリシア語の旧約聖書）では、マルコが使っているのと同じ単語（パレルコマイ）を使っています。

主はモーセを通り過ぎて、ご自身の深い栄光がそのあわれみと恵みの中に見られることを明らかにしました。旧約聖書で神が風と声でしか行っていなかったことを、イエスは血と肉で行うために来られたのです。

出エジプト記34章で主がモーセにご自身の真の姿を示しておられるのを見るとき、私たちは福音書の中で、いつの日か影を投げかける者であるイエス・キリストに屈することになる影を見ているのです。私たちに二次元的に与えられつつあるものは、何世紀も後に人類の歴史の頂点で、三次元で空間と時間の連続体に発展するものです。

出エジプト記34章では、神の最も深い心が語られています。しかし、その心はあのガリラヤ人の大工の中に示されています。この人は生涯を通じてこれが自分の心であると証言し、それからローマの十字架へ向かったときそれを証明し、私たちの代わりに、神に見捨てられた状態という地獄に降ったのです。[1]

原注

1　Walter Brueggemann, *Theology of the Old Testament: Testimony, Dispute, Advocacy* (Minneapolis: Fortress, 1997), 216.

2　このことに気づかせてくれたウェイド・ユーリグに感謝している。

3　John Owen, *An Exposition of the Epistle to the Hebrews*, in W. H. Goold, ed., *The Works of John Owen*, vol. 25 (repr., Edinburgh: Banner of Truth, 1965), 483.

4　Richard Sibbes, *The Excellency of the Gospel Above the Law*, in *The Works of Richard Sibbes*, ed. A. B. Grosart, 7 vols. (Edinburgh: Banner of Truth, 1983), 4:245.

5　すなわち、奇跡的な給食（マルコ6・30～44）、安息日の議論（6・2）、神の代表的な指導者が山の上で神と語ること（6・46）、神の代表的な指導者が山から降りてくるときに、その指導者におびえ、静められ、近づき、一緒に話をすることで締めくくられる（6・49～50）。その後すぐに、人々のただ中にイエスがおられる様子に民が驚嘆することが語られ（6・53～56）、その後、神の代表的な指導者と神とのさらなる出会いと、その結果、指導者の顔が輝くことが語られる（9・2～13）。これらの関連の詳しい説明を知りたい読者は以下を参照。Dane Ortlund, "The Old Testament Background and Eschatological Significance of Jesus Walking on the Sea (Mark 6:45–52)," *Neotestamentica* 46 (2012): 319–37.

訳注

〔1〕使徒信条にある、「陰府《よみ》に下り」を参照。

17　主の道は私たちの道と異なる

「わたしの思いは、あなたがたの思いと異なり」

イザヤ書55・8

この本のメッセージは、私たちには神がどのような方であるかについての生まれつきの期待を神に投影する傾向があり、聖書によって不意に神ご自身が語っておられることに向かわせられるために戦いはしない、ということです。おそらく聖書の中で、イザヤ書55章ほどこの点が明確に示されている箇所はないでしょう。ジャン・カルヴァンはこの箇所について、「神が自分たちのようなものであると考えるときほど、私たちの良心を悩ますものはない」[1]と述べています。

人生に困難な局面が訪れると、クリスチャンはしばしば「主の道は私たちの道と異なる」と肩をすくめて人に言い聞かせますが、それは私たちを驚かせるような方法で出来事を取り仕切る神の摂理の神秘を伝えているのです。神の摂理の神秘的な奥深さは、もちろん聖書の貴重な真理です。しかし、「主の道は私たちの道と異なる」ということばは、イザヤ書55章からのものです。そして文脈では、かなり違ったことを意味しています。それは、神の神秘的な摂理への驚きではなく、神のあわれみの心への驚きを表しています。
全文は次のようになっています。

主を求めよ、お会いできる間に。
呼び求めよ、近くにおられるうちに。
悪しき者は自分の道を、
不法者は自分のはかりごとを捨て去れ。
主に帰れ。そうすれば、主はあわれんでくださる。
私たちの神に帰れ。豊かに赦してくださるから。
「わたしの思いは、あなたがたの思いと異なり、
あなたがたの道は、わたしの道と異なるからだ。
――主のことば――
天が地よりも高いように、
わたしの道は、あなたがたの道よりも高く、
わたしの思いは、あなたがたの思いよりも高い。」（イザヤ55・6～9）

この聖句の前半は、私たちが何をすべきかを示しています。後半は、なぜそうするのかを教えてくれます。移行部分は7節の終わりにあります（「豊かに赦してくださるから」と締めくくられています）。けれども、推論の正確な流れに注目してください。

神は、神を求め、神を呼ぶようにと私たちを召し、悪人でさえも主のもとに戻るように招いておられます。私たちがそうすると何が起こるでしょうか。神は「あわれんでくださる」（7節）のです。その後、ヘブル語の詩の並行性から、神が私たちにあわれみを行使してくださることが別の言い方で表現されます。「豊かに赦してくださる」（7節）と。これは、自分が何度も御父から離れてさまよい、御父の抱擁と教え以外のところに魂の安らぎを求めていることに気づくときの深い慰めです。自分がどんなに恥ずかしくて嫌になっても、新鮮な悔い改めの気持ちで神のもとに戻れば、神はただ冷静に赦してはくださるのではなく、豊かに赦してくださるのです。単に私たちを受け入れるだけではありません。私たちを再びその腕の中に迎え入れてくださるのです。

しかし、テキストのその後の動きに注目してください。8節と9節では、このあわれみと豊かな赦しを、さらに深く掘り下げています。7節では、神が何をなさるかが語られていますが、8節と9節では、神がどのような方なのかが語られます。言い換えれば、神は、私たちが神のあわれみの赦しを聞いても、そのあわれみの赦しの源である心を軽視して、その約束にすがることを知っておられるのです。だからこそ、主はこう続けるのです。

「わたしの思いは、あなたがたの思いと異なり、
あなたがたの道は、わたしの道と異なるからだ。
——主のことば——
天が地よりも高いように、
わたしの道は、あなたがたの道よりも高く、
わたしの思いは、あなたがたの思いよりも高い」

神は何をおっしゃっているのでしょうか。神のあわれみの表現を古い目で見ることはできないと言っているのです。私たちの神に対する見方そのものが変わらなければなりません。愛情深い父親から誕生日プレゼントをもらうとすぐに貯金箱に手を伸ばして父親に代金を返そうとする七歳の子に、私たちは何と言うでしょう。父の心はどれほど痛むことでしょう。その子は、父親とは何者か、父親は何をするのが好きかという見方そのものを変える必要があります。

堕落した人間の心の自然な流れは、互恵性、報復のお返し、平静、天秤のバランスをとる

ことへ向かいます。私たちは自分で思っているよりもはるかに手に負えないほど法則的なのです。もちろん、その衝動には健全で素晴らしいものが埋まっています。神ご自身のかたちに造られた私たちは、混沌よりも秩序と公平さを望みます。しかし、その衝動は、私たちのあらゆる部分と同様に、罪への破滅的な転落によって病んでいます。神の心を理解する能力は制御不能となっています。私たちは、神がご自分の民についてどのように感じておられるかについて貧弱な見方を、それが実際に神という方を広く正確に表していると考える（もう一度言いますが、罪のために）貧弱な見方をもち続けています。手の切れるような百ドル札を見せられて、その贈り物がほんの少ししか反映していない何十億もの資産のことは知らずに、祖父は大金持ちに違いないと結論づける孫のようなものです。

そこで神は、神の心に対する私たちの生まれつきの見方がいかに小さなものであるかをわかりやすく教えてくださいます。神の思いは私たちの思いではありません。神の道は私たちの道ではありません。それは、私たちがほんの数度ずれているからではありません。いいえ、「天が地よりも高いように（ヘブル語で空間的な無限性を表現する方法）、わたしの道は、あなたがたの道よりも高く、わたしの思いは、あなたがたの思いよりも高い」（9節）のです。8節で神は、ご自分の道と私たちの道は違うと言い、9節ではより具体的に、ご自分の思いのほうが高いと言っています。8節では、神と私たちの考え方は全く違うと言っておられるかのようですが、9節では、それがどのようなものかを正確に述べています。すなわち、神の「思い」（ヘブル語では、単に「過ぎ去っていく精神的な反省」ではなく、「計画」「工夫」「意図」「目的」を意味する）が、より高く、より壮大であり、私たち堕落した罪人がそれを表す自然概念をもたない慈しみに包まれているのです。

聖書の中で、「天が地よりも高いように」という語句が使われている場所はほかに一つしかありません。詩篇103篇でダビデはこう祈ります。「天が地上はるかに高いように　御恵みは 主を恐れる者の上に大きい」（11節）。詩篇103・11とイザヤ書55・9の二つの節は、互いに照らし合っています。[2] 神の道と思いは、私たちの道や思いとは異なります。私たちの心の地平線を超えて広がる愛の思いとあわれみの道なのです。

＊　＊　＊

神の摂理について教えたことで最も有名な神学者カルヴァンは、イザヤ書55章が本当に追求しているのは摂理の神秘ではないと考えました。「わたしの思いは、あなたがたの思いと異なり」という語句を、神と私たちとの間の全くの距離であるとし、神聖な神と俗悪な人間との間の巨大な溝を表現していると解釈する人がいることを指摘しています。しかしカルヴァンは、この箇所の流れは実は、全く逆であると見ていました。神と私たちの間には確かに大きな距離があります。私たちは神の心を小さく思っていますが、神はご自分の心が私たちに不可侵に、広大に、無敵に向けられていることをご存じです。

「震える心から恐怖を取り除くのは難しいので、イザヤは神の性質から、神には赦し、和解させられる準備ができているという論拠を引き出している」[3]とカルヴァンは論評しています。カルヴァンは次に、このテキストで神が私たちに語っておられることの核心へ掘り下げていきます。誤った解釈を明らかにした後、彼はこう言います。

しかし、その預言者の意味していることは私の考えでは違っており、私の判断によると、預言者は神の気質と人間の気質を区別していると考える他の注釈者によって、より正しく説明されている。人間には、自分自身から神を判断し測る習慣がある。人間の心は怒りの感情に突き動かされており、鎮めるのが非常に難しい。そのため、一度神を怒らせてしまうと神と和解させられることはできないと考える。しかし主は、ご自身が人間とは似ても似つかぬ存在であることを示される。[4]

ここでのカルヴァンによる神の気質の言語は、心の言語です。覚えておいてほしいのですが、神の心について語るとき、私たちは神の愛情のバネ仕掛けの傾き、神の元々の傾向、神のあり方となさることとの規則的な流れについて語っているのです。そして神の気質とは、カルヴァンの教えでは、イザヤ書55章によれば、私たちの生まれつきの堕落した気質を撮影したネガフィルムです。

神の赦しという大いなる喜びに対する私たちの無気力な理解は、私たちが神をどのような方だと認識するかの限界を引き下げますが、実際の神の姿を制限するものではありません。「神は限りなくあわれみ深く、限りなく赦す用意があるので、もし私たちが神から赦しを得ていないならば、それはもっぱら私たちの不信仰に起因するべきである」[5]のです。

＊　＊　＊

神のあわれみの心は、もし神の民が人生の廃墟や残骸を神のひざ元に捨てるなら神はどのように応答することを好まれるかについての私たちの直感的な偏見を当惑させるものです。主はあなたのようではないのです。人間の最も激しい愛でさえ、天の滝のような豊かさのかすかな反響にすぎません。主のあなたへの心からの思いは、あなたの想像を超えています。主は、あなたをそのために創造された輝きへと回復させることを意図しておられます。そしてそのために必要なのは、自分自身をきれいにしておくことではなく、自分の混乱を主のところに持っていくことなのです。主は、罪を犯す生涯の後に残る、私たちの汚れていない部分とともに働くようにご自身を制限なさるのではありません。主の力は非常に深く流れるので、私たちの過去のまさに最悪の部分を贖って、私たちの未来の最も輝かしい部分にすることができるのです。ただし私たちは、そのような暗黒の悲惨を主のところに持っていく必要があります。

私たちは、この聖句に続いて述べられていることから、主が価値のない者の未来の回復者であることを知っています。

まことに、あなたがたは喜びをもって出て行き、
平安のうちに導かれて行く。
山と丘は、あなたがたの前で喜びの歌声をあげ、
野の木々もみな、手を打ち鳴らす。
茨の代わりに、もみの木が生え、
おどろの代わりにミルトスが生える。
これは主の記念となり、
絶えることのない永遠のしるしとなる。(イザヤ55・12〜13)

神の思いは私たちよりもはるかに高いので、悔い改める者を豊かに赦してくださるだけでなく、思い切って希望を抱く気になれないほどの輝かしい未来に神の民を連れていくと決意しておられます。この箇所の詩は、神の民に対する神の心が、世代を重ねるにつれて最高潮に向かっていき、万物の終わりに人類の歴史に噴き出る準備をしていることを見事に伝えています。私たちの喜びに満ちた回復された人間性が霊的な核エネルギーをもって前に押し寄せるので、被造世界自体が騒々しい祝賀の賛歌を歌い出すことになります。これは、創造された秩序が期待に胸を膨らませている祝賀パーティーです（ローマ8・19）。なぜなら、その栄光は私たちの栄光と結びつけられており、私たちの栄光に依存しているからです（ローマ8・21）。神の息子や娘たちが、受けるに値しないが確実な未来に足を踏み入れるとき、宇宙はきれいに洗い流され、輝きと尊厳を取り戻すのです。

どのようにしてそう確信できるのでしょうか。なぜなら、主の道は私たちの道よりも高いのですが、主の思いが私たちの思いよりも高いのは、主がどのくらい低くなることを望んでおられるか私たちは理解していないという点においてだからです。数章後のイザヤ書にこうあるとおりです。

いと高くあがめられ、永遠の住まいに住み、その名が聖である方が、こう仰せられる。
「わたしは、高く聖なる所に住み、
砕かれた人、へりくだった人とともに住む。
へりくだった人たちの霊を生かし、
砕かれた人たちの心を生かすためである。」(57・15)

イザヤ書57・15によれば、言いようのない高い方である神の御心は、自然にどこに引き寄せられるのでしょうか。へりくだった者にです。イザヤが預言した七百年後にイエスが現れ、その奥深い心を「柔和でへりくだっている」と明らかにしたとき、イエスは、柔和でへりくだっていることこそが、確かに神が好んで住まわれる場所であることを、きっぱりと証明したのです。それは神がなさることです。それは神がどんな方であるかということです。この方の道は私たちの道とは異なります。

原注

1　John Calvin, *Commentary on the Prophet Isaiah*, vol. 4, trans. William Pringle (repr., Grand Rapids, MI: Baker, 2003), 169.

2　この二つの節のヘブル語テキストは、前置詞に一つ違いがあるだけで、かなり近い。ただし本質的な意味は同じである。

3　Calvin, *Isaiah*, 168.

4　Calvin, *Isaiah,* 168. カルヴァンは、詩篇89・2を注釈する際に同様のことを言っている。「神の民に腹を立てているときでさえも、神は決してその民に対する父としての愛情を捨てられることはない、ということを十分に納得させられていない限り、人は神を賛美するために自由に口を開くことは決してない。」John Calvin, *Commentary on the Book of Psalms*, vol. 3, trans. James Anderson (repr., Grand Rapids, MI: Baker, 2003), 420.

5　Calvin, *Isaiah*, 169. グッドウィンも以下の文献で同様にイザヤ55・8〜9について考察している。*The Works of Thomas Goodwin*, 12 vols. (repr., Grand Rapids, MI: Reformation Heritage, 2006), 2:194.

18　切望するはらわた

「わたしの心は彼を切望する」

エレミヤ書31・20〔ESV〕

エレミヤの預言の頂点は30～33章です。神学者たちがこれを「慰めの書」と呼んでいるのは、神がこれらの章で神の民に、彼らの罪深さに対する最終的な反応を示しているからです。そしてその反応は民にはふさわしくないものです。裁きを期待していたのに対して、神は慰めで彼らを驚かせます。なぜでしょうか。それは、神が彼らをご自分の心に引き入れておられ、彼らが罪を犯すことでそこから逃れることはできないからです。「永遠の愛をもって、わたしはあなたを愛した」と主は保証しておられます（エレミヤ31・3）。

では、「慰めの書」は何に引き続いて書かれたのでしょうか。イスラエルの罪深さを詳細に物語る二十九の章に引き続いてです。序章の代表的なことばを一つずつ紹介します。

- 「わたしは、この地の全住民の悪に対して　ことごとくさばきを下す。」（1・16）
- 「わたしの民は……わたしを捨て、」（2・13）

- 「あなたは……淫行と悪行によって、この地を汚した。」（3・2）
- 「エルサレムよ。……いつまで、自分のうちに　よこしまな思いを宿らせているのか。」（4・14）
- 「この民には、強情で逆らう心があった。」（5・23）
- 「井戸が水を湧き出させるように、エルサレムは自分の悪を湧き出させた。」（6・7）

といった具合に、二十九章続きます。そして、もう一方の30〜33章では、エレミヤ書の残りの部分は国々に対する裁きとなっています。

しかし、この書物の中心にあり、そこから五十二章の書物全体を見渡すことのできる頂点が「慰めの書」です。そして、この四章の中で、最もよく全体をまとめているテキストは31・20でしょう。

エフライムは、わたしの大切な子、
喜びの子なのか。
わたしは彼を責めるたびに、
ますます彼のことを思い起こすようになる。

それゆえ、わたしのはらわたは
彼のためにわななき、
わたしは彼をあわれまずにはいられない。
――主のことば――

「エフライム」[1]は、神の民であるイスラエルの別名にすぎませんが、旧約聖書全体においてイスラエルに対する愛情を込めたある種の神的語のようにも見えます。そして神は「エフライムは、わたしの……喜びの子なのか」と尋ねます。神は不思議がっておられるのではありません。これは、質問という優しさをまとった宣言です。神の民は神の「愛する子」であり、「喜びの子」でさえあります。神についてのあなたの教理には、神がそのように語ってくださる余地がありますか。

「わたしは彼を責めるたびに」――主は、二十九章にわたって神の民を痛烈に非難してこられましたが、そのたびに――「ますます彼のことを思い起こすようになる」。ここでの「思い起こす」とは、記憶を呼び戻す能力ではありません。この方は神であり、すべてをご存じです。すべての時代のすべての物事に関するすべての真理を、平等で完璧な知識をもって心に留めておられます。ここでの「思い起こす」とは契約の言語です。関係的なものです。これは、忘れることの代わりに思い起こすことではなく、捨てることの代わりに思い起こすことです。

　それから、エレミヤ書の四つの章の中心となる重要な節が出てきます。「それゆえ、わたしの心は彼を切望する」〔ESV。新改訳２０１７では「それゆえ、わたしのはらわたは　彼のためにわななき、」〕

＊　＊　＊

「わたしの心は……。」「心」を意味するヘブル語にはほかにレーブがあり、これは旧約聖書で「心」を意味する基本的なヘブル語の単語です〔哀歌３・33「心から悩まない」〔ESV〕のように〕。しかし、ここエレミヤ書31章で使われている単語はメエーで、文字通り、人の内臓、腸を指します。そのため、KJVなどの古い英語訳聖書では「腸、はらわた」と訳されています。例えばサムエル記第二20・10で、ヨアブがアマサの「下腹を突いた。それで、はらわたが地面に流れ出た」でこの単語が使われています。

　もちろん、神に腸はありません。これは、神の最も内側での反射作用、動揺する内臓、私たちの感情がそのイメージとなる神の深い感情を表現する神の言い方で、一言で言えば、テキスト〔ESV〕がそう訳しているように、神の「心」です。カルヴァンは、神のはらわたや心について語ることは「正しくは神に属することではない」と念を押しますが、このことは、神が「私たちに対するご自身の愛の偉大さ」[1]を真に伝えておられるという真理を決して薄めるものではありません。

　主の心が何をしていると、テキストに書かれているかに注目してください。「わたしの心は彼を切望する（ESV。新改訳2017では「わたしのはらわたは彼のためにわななき」）。」切望するとは何でしょうか。祝福することや救うこと、愛することとも違うものです。ここに出て来るヘブル語（ハーマー）は、その根底に、落ち着きがない、興奮している、さらには、うなる、ほえる、または騒々しい、乱暴であるという意味があります。神がご自身について明らかにしていること、主張していることがわかりますか。ご自身の者たちに対する大きな愛情は、彼らの気まぐれによって脅かされることはありません。なぜなら神の心を注ぎ出すと、神の切望の乱流となるからです。そして、神が望むものは、神が手に入れるのです。

　だからこそ「わたしは彼をあわれまずにはいられない」のです。これを直訳すると、「あわれみをもち、彼にあわれみを与える」というようなぎこちないものになります。ヘブル語では、強調するために動詞を二重にすることがあります（同じ構文が節の前半にある「思い起こす」でも出てきます）。神の切望する心は、二十九章分の深さの人生の汚水の中で溺れていることに気づく罪人を救い出し、再び救い出します。彼らは、自分では始めることができない、ましてや完了できない救出を必要としているのです。

あなたは自分の罪と苦しみの中で、神をどんな方だと理解していますか。理論上だけではなく、祈るときに聞いてくださっていると信じる直接性のようなものにおいて、神はどのような存在だと思いますか。神はあなたのことをどう思っておられるでしょうか。神が私たちを救うことは、冷静で計算されたものではありません。それは切望の問題なのです。切望しているいる対象はフェイスブックのあなたではなく、周りの人々にあなたが映し出すあなたではありません。そうありたいと願っているあなたではありません。本当のあなたが切望されているのです。あなたが他人に見せているすべてのものの下にあるあなたがです。

どんなに長く主とともに歩んでいたとしても、聖書を全部読んだことがなかろうが神学の博士号を持っていようが、このことに対してはひねくれた抵抗を感じていることを理解する必要があります。主の心からはあわれみが溢れ出し、私たちの心からはそれを受け取ることへの抵抗が溢れます。私たちは冷静で計算高い者ですが、主はそうではありません。主は両手を広げて迎え入れてくださいますが、私たちは腕を伸ばして押しのけます。神の心についての私たちの自然にカフェインを抜いた見解は、私たちが自分に厳しく、簡単に義務から逃れることを許さないため、正しいと感じられるかもしれません。このような厳しさは、道徳面での真剣さを適切に感じています。しかし、神の切望する心をこのようにそらすことは、神がご自分に属する者たちに対して感じておられることについての聖書の証言を反映していません。神はもちろん、私たちよりもはるかに道徳的に真剣です。しかし、聖書は私たちの手を引いて、私たちの愛らしさに応じて私たちに対する神の心が揺らぐという感覚の下から導き出してくれます。神の心は、神がどんな方であるかという私たちの直観を当惑させるものです。

トーマス・グッドウィンはエレミヤ書31・20を引用した上で、もしこれが神に当てはまるのであれば、キリストにはなおさら当てはまるはずだと推論しています。私たちの人生に多くの罪がある中で、このようなテキストは「最も強い慰めと励ましを与えてくれるかもしれない」と彼は説明しています。

そのような弱さに関して慰めがある。あなたの罪そのものが、この方を怒りよりも同情へと動かすという点においてである。……キリストはあなたの側につき、あなたに対し怒りがかき立てられるどころか、怒りはすべてあなたの罪に向けられてそれを滅ぼそうとする。そう、この方の同情は、あなたに対してより一層増している。父親が忌まわしい病気にかかった子供に心を寄せるように、あるいは人がハンセン病にかかった自分の体の一部に心を寄せるようにである。その人は、自分の肉である体の一部を憎むのではなく、病を憎み、そのことが患っている部分により一層同情するきっかけとなる。キリストと私たちの両方に反する私たちの罪が、キリストにとって私たちにより同情する動機となるとき、何が私たちのためにならないだろうか。[2]

グッドウィンは、私たちのあわれみや同情は、対象となる人を愛する度合いに応じた強さで引き出されると説明しています。「不幸が大きければ大きいほど、当事者が愛されていればば同情も大きくなる。今、すべての不幸の中で、罪は最も大きい」、そして「キリストはそのように見てくださる」。では、私たちの人生の中のそのような醜さに対して、どのように反応なさるのでしょうか。「そしてこの方は、あなたがた個人を愛し、罪だけを憎み、その憎しみはすべて、罪の上にのみ降り注ぎ、その破滅と破壊によってあなたを解放するであろう。しかしその愛情はさらにあなたへと引き出される。そしてこのことは、あなたが罪のもとにあるときも、他の苦痛のもとにあるときと同じである。それゆえ、恐れてはならない」[3]のです。

＊　＊　＊

私たちの中には、自分の罪と苦しみを分けて考える人がいます。私たちの罪は私たちに責任がありますが、私たちの苦しみは（いずれにせよ、その多くは）堕落によって破壊されたこの世界で降りかかるものにすぎません。そのため私たちには、自分の罪に対する神の優しい同情を、自分の苦しみに対するのと同じように期待することが難しい傾向があります。私自身が罪を犯すときよりも、私に対して罪が犯されるときのほうが、神の心はより自由に流れるのではないだろうか、と。

しかし、グッドウィンの論理を見てみましょう。もし愛の強さが愛されている者の不幸の強さに対応するならば、そしてもし私たちの最大の不幸が私たちの罪深さであるならば、神の最も強い愛は罪深さの中にいる私たちに流れ下ります。そう、神は罪に対して憎しみをもっているのだとグッドウィンは言います。そして、私たちへの愛と罪への憎しみの組み合わせは、いつの日か私たちが罪から最終的に解放され、神ご自身の喜びの心に浸るまで神が見届けてくださるという、できる限り万能の確信に等しいのです。

世界は、切望する愛に、見捨てる代わりに思い起こす愛に飢えています。私たちの愛らしさに縛られない愛に。私たちの汚さの下に潜り込む愛に。今日でも私たちが歩いているかもしれない、包み込むような暗闇よりも大きな愛に。人間の最高のロマンスでさえ、そのかすかなささやきにすぎない愛にです。

それでもこのことは、エレミヤが神の心について語るとき、とても抽象的なもの、すなわち主観的、感傷的で、空気のようなものに思えるかもしれません。しかし、グッドウィンがエレミヤ書の神の心からキリストの心へと切れ目なく移動できた理由を思い出してください。もし、抽象的なものが具体的になったらどうでしょう。もし、神の心が天から降ってくるものではなく、この地上で私たちの間に現れたものだとしたら。神の心を、ことばを語ってくれる預言者の中に見るのではなく、自分こそ神のことばである、すなわち神が私たちに言いたかったことすべてを体現していると語る預言者の中に見たとしたらどうでしょうか。

もしエレミヤ書31・20〔ESV〕の「わたしの心は彼を切望する」ということばが肉をまとったとしたら、そのことばはどのようなものに見えるでしょうか。

疑問に思う必要はありません。それは、中東の大工[2]が、癒やしや悪霊払い、教え、抱擁、赦しを通して、男性と女性の尊厳と人間性、健康と良心を回復させているように見えるのです。

そして今、エレミヤ書31・20に組み込まれていた緊張が解決されるのが見えてきます。旧約聖書全体でゴロゴロ音を立てて、勢いを増し、鋭さを増していく緊張、すなわち神の正義と神のあわれみの間の緊張がです。神はここで、「わたしは彼を責める」と言っていますが、「ますます彼のことを思い起こす」とも言っておられます。憤りと愛、正義とあわれみ、と。ここで行ったり来たり回転していますが、それは旧約聖書全体で見られることです。

けれども、人間の歴史の頂点において、正義が完全に満たされ、同時にあわれみが完全に注ぎ出されました。そのとき、御父がご自身の永遠の「大切な子」「喜びの子」をローマの十字架に送り、そこにおいて神は本当に「彼を責め」たのです。そこにおいてイエス・キリストはご自分の血を注ぎ出し、罪のない者が罪のある者のために注ぎ出したので、神は私たちについて「ますます彼のことを思い起こす」と言うことができたのです。ちょうど神がイエスご自身を見捨てたときに、です。

神が私たちへの切望を満たすためになさったことを、私たちは十字架の上で目にします。神はそこまでしてくださいました。徹底的に行われたのです。天のはらわたの、赤面するほどの感情のあらわさが、キリストの十字架刑に集中したのです。

神の心を小さく考えていたことを悔い改めましょう。悔い改めて、主に自由に愛していただきましょう。

原注

1 John Calvin, *Commentaries on the Prophet Jeremiah and the Lamentations*, vol. 4, trans. J. Owen (repr., Grand Rapids, MI: Baker, 2003), 109.

2　Thomas Goodwin, *The Heart of Christ* (Edinburgh: Banner of Truth, 2011), 155–56.

3　Goodwin, *Heart of Christ*, 156.

訳注

〔1〕イスラエルの十二部族の一つ、ヨセフ族から分かれた二部族のうちの一つ。

〔2〕イエス・キリスト。

19　あわれみ豊か

「しかし、あわれみ豊かな神は……」

エペソ人への手紙2・4

トーマス・グッドウィンの著作は現在十二巻で入手でき、それぞれ五百ページ以上あり、小さな活字でびっしりと書かれています。そして、第二巻は全体がエペソ人への手紙2章にあてられています。この巻は一連の説教ですが、グッドウィンは4節になると一気にペースを落とし、以下のこの一節についていくつかの説教をしています。

しかし、あわれみ豊かな神は、私たちを愛してくださったその大きな愛のゆえに……。

1節から3節までは、なぜ私たちに救いが必要だったのかを述べています。すなわち、私たちが霊的に死んでいたからです。5節と6節は、その救いとは何だったのかを述べています。すなわち、神が私たちを生かしてくださったことです。けれども、なぜ神が救ってくださったのかが書かれているのは、真ん中の4節です。1～3節は問題、5～6節は解決策、そして4節は、神が私たちをそのままにしておくのではなく、実際に問題を解決してくださった理由です。

では、その理由とは？　神はあわれみに乏しい方ではなく、あわれみ豊かな方だからです。聖書の中で、神が何かに豊かであると表現されているところはほかにありません。唯一、「豊か」と言われているのはあわれみです。それは何を意味しているのでしょうか。それは、神は私たちが生まれつき信じているものとは別の方だということです。それは、クリスチャンの人生とは、神の善良さについての生ぬるい考えを生涯にわたって捨てていくことであるということなのです。正義において神は厳格であり、あわれみにおいては溢れています。「神はすべてにとって豊かである。すなわち、無限で、善にあふれていて、気前の良いことにとって善であり、富を注ぎ出すことに対し善であり、豊富なものに対し善である。[1]」旧約聖書では、エレミヤ書31・20で「あわれむ」という動詞が二重に使われているように、新約聖書では神を「あわれみ豊か」と呼んでいます。

これまでの章では、マタイの福音書11・29で、また四福音書のあらゆる場面で人類の歴史の舞台に爆発的に現れたものまで旧約聖書の前兆を探ってきましたが、これからの数章は新約聖書に戻ります。

＊　＊　＊

エペソ人への手紙2・4には、「あわれみ豊かな神は」とあります。「豊かになる」ではなく「豊かである」です。このような記述は、創造主の内側のくぼみへ、天の至聖所へ、内なるベールの向こう側に私たちを連れていき、神のまさに存在と本質の原動力となる中核を開示してくれます。「神はすべてのあわれみの泉であり……それは神にとって自然なことである。……それは神の本質および気質である。なぜなら、あわれみをお示しになるとき、心のすべてでそれを行われるからである。[2]」だから神はあわれみを喜ばれるのです（ミカ7・18〔KJV〕）。だからこそ、ダビデは神への祈りの中で、自分に示されたあわれみは「みこころのまま」（I歴代17・19）であると認めたのです。神はあわれみの泉です。あわれみという通貨の中で億万長者であり、そして、私たちが人生で罪を犯すたびに引き出しても、神の財産は減ることなく、増えていくのです。

なぜそうなるのでしょうか。それは、あわれみが神そのものだからです。あわれみが単に持っておられるものであって、神の深い本性は違うものであるならば、与えることのできるあわれみの量には限界があるでしょう。しかし、もし神が本質的にあわれみ豊かであれば、神にとってあわれみを注ぐことは、ご自身がどんな方であるかに一致して行うことなのです。

それは、神にとって神であることにほかなりません。神があわれみを示すときは、ご自身に忠実な方法で行っておられるのです。繰り返しになりますが、これは神があわれみ豊かであるだけという意味ではありません。神は完全に公正で聖なる方でもあります。罪と罪人に対して正しく怒る方です。しかし、聖書が神について語る方法に従うと、これらの道徳基準の属性は、神の最も深い心を反映してはいません。

この聖書箇所は続けて、神のあわれみ豊かな性質をその大きな愛を結びつけています。「あわれみ豊かな神は、私たちを愛してくださったその大きな愛のゆえに……。」グッドウィンが言っていることを考えてみましょう。

神がご自分の民と少しでも別れたり捨てたりするかどうかについて、仮定や質問によって言及されている場合、神は最高の憤りをもってそれを排除なさること、神の愛はとても大きいことをあなたは知るであろう。……神はご自身の中にそのような考えがあることを、最高の嫌悪感をもって語られる。……ご自分の民への愛にとりつかれているので、それに反することは何もお聞きにならない。……そう、主の愛は非常に強いので、もし告発があっても、どんなときに罪や悪魔が来て告発しても、それに動かされて神は祝福される。神の愛があまりにも激しく、あまりにもはっきりしているので、さらに祝福する機会をおもちになるのである。[3]

聖書が「私たちを愛してくださったその大きな愛」について語るとき、私たちが見るものはグッドウィンが理解を助けようとしてくれているものでなければなりません。神の愛は、我慢や寛容、忍耐ではありません。神は私たちを我慢しておられますが、その愛はもっと深いものであり、もっと活動的なものです。神の愛が大きいのは、愛する者が脅かされているとき、たとえ自らの愚かさの結果として脅かされていたとしても、神の愛はいっそう前に押し寄せるからです。これを人間のレベルで理解すると、地上の父親は、わが子が非難されたり苦しんだりしているのを見ると、たとえ正当な非難であっても、また当然のこととして苦しんでいるとしても、心の中に愛が湧き上がってきます。新たにされた愛情が内に湧いてくるのです。

そして、そこにあわれみが入ってきます。グッドウィンがエペソ人への手紙2・4に関する説教の一つで繰り返し述べているように、主は「無敵の」愛で私たちを愛しておられます。[4]そして、愛が高まると、あわれみがより多く下ってきます。大きな愛が主の心を満たし、豊かなあわれみが主の心から流れ出るのです。

少し抽象的な表現になってしまったようです。「あわれみ」や「愛」というのは、結局のところ意味のない概念です。響きはいいのですが、私自身の月曜日のゆううつ、水曜日の落胆、金曜日の夜の孤独、日曜日の朝の退屈の中で、実際に何を意味するのでしょうか。

二つの考えが役に立つかもしれません。一つはこの豊かなあわれみの必要性について、もう一つはこの豊かなあわれみの具現化についてです。

＊　＊　＊

第一は、豊かなあわれみの必要性です。エペソ人への手紙2・4は、単独でぶら下がっているメッセージではなく、エペソの六つの章を流れる大河の中の一つの曲がり角です。2・4のすぐ前の悲惨な範囲は、次の通りです。

さて、あなたがたは自分の背きと罪の中に死んでいた者であり、かつては、それらの罪の中にあってこの世の流れに従い、空中の権威を持つ支配者、すなわち、不従順の子らの中に今も働いている霊に従って歩んでいました。私たちもみな、不従順の子らの中にあって、かつては自分の肉の欲のままに生き、肉と心の望むことを行い、ほかの人たちと同じように、生まれながら御怒りを受けるべき子らでした。（エペソ2・1〜3）

キリストが遣わされたのは、傷を負った人を治すためでも、眠そうな人を起こすためでも、混乱している人に助言するためでも、退屈している人に動機を与えるためでも、怠け者を駆り立てるためでも、無知な人を教育するためでもなく、死んだ人をよみがえらせるためでした。

右の三つの節の全体的影響を考えてみましょう。パウロは、私たちがよくするようなやり方で罪について語っているのではありません。「間違えた」「ミスをした」「苦労している」とは言っていません。パウロは罪を、包括的で、すべてを包む、変えることのできない人生の流れだとしています。私たちの罪は、たまにつまずく健康な人よりも、頭から足まで病気に侵された人に似ています。あるいは、エペソ人への手紙2章のことば遣いを真摯に受け止めれば、死んだ人に似ているのです。

私たちは、たとえ知らなかったとしても、サタン（「空中の権威を持つ支配者」）に従っていました。地獄の力は、私たちが屈服した何かであるだけでなく、私たちの内側にあるもの、「不従順の子らの中に今も働いている霊」です。私たちは「生まれながら御怒りを受けるべき子ら」でした。神の怒りがふさわしいもの、当然つき従うものであるくらい、私たちはまさに怒りの子でした。私たちは時折、自分の肉の欲に陥っていただけなのではなく、それらの欲の「ままに生き」ていたのです。それは私たちが呼吸する空気でした。私たちにとって欲望のとてつもない醜さは、魚にとっての水のようなものでした。私たちは神への拒絶を吸い込み、自滅と、受けるに値する裁きを吐き出していたのでした。スーパーでの笑顔や郵便配達の人への明るい挨拶の下で、静かに自己を崇拝し、私たちの魂がそのために造られた美と尊厳と礼拝を取り除きつつあったのです。罪とは、私たちが陥るものではなく、私たちの一瞬一瞬の存在を、行為、ことば、思考、さらには願望のレベルで定義するものでした。「肉と心の望むことを行い」とある通りです。私たちは罪の中で生きていただけではなく、罪の中で生きることを楽しんでいました。罪の中で生きたいと思っていたのです。それは、大事に扱っている宝物、ゴラムの指輪〔1〕であり、私たちの確固とした喜びでした。要するに、私たちは死んでいたのです。全くの無力でした。それを主のあわれみが癒やしてくれたのです。

　でも、それは私のことを表していない、とあなたは言うかもしれません。私は法を守る家庭で育ちました。うちでは教会に通っていました。面倒なことには巻き込まれないようにしています。逮捕されたことはありません。近所の人たちには礼儀正しく接してきました、と。けれどもパウロが言っていることを見てください。「私たちもみな、不従順の子らの中にあって、かつては自分の肉の欲のままに生き……」

　それは違いますよね。このパウロはかつてのパリサイ人であり、律法主義者の中の律法主義者、「ヘブル人の中のヘブル人、律法については パリサイ人、その熱心については教会を迫害したほどであり、律法による義については非難されるところがない者」（ピリピ３・５～６）です。彼はどうして自分を、肉の欲に傾倒していた人々の中に含めることができたのでしょうか。しかも、これらはいずれも一度だけの自己描写ではありません。使徒の働きの中で何度も、ピリピ人への手紙３章のように、パウロは自分の以前の生活を、「先祖の律法について厳しく教育を受け」（使徒22・３）、あるいは「私たちの宗教の中で最も厳格な派にしたがって」（使徒26・５）いた、しかも若いころから（使徒26・４）と表現しています。それなのに、テトスへの手紙３章ではエペソ人への手紙２章と同じように、再び自分のかつての生活を「愚かで、不従順で、迷っていた者であり、いろいろな欲望と快楽の奴隷になり、悪意とねたみのうちに生活」（テトス３・３）していたとしています。では、どちらだったのでしょうか。

この二種類の箇所を理解する唯一の方法は、私たちはすべての規則を破って肉の情熱を発散することも、すべての規則を守って肉の情熱を発散することもできるが、どちらの肉の発散方法にもまだ復活が必要だと理解することです。つまり、私たちは不道徳な死人になることも、道徳的な死人になることもできるのです。どちらにしても、私たちは死んでいます。

神のあわれみが手を差し伸べ、きれいに洗ってくれる相手は、明らかに悪い人だけでなく、詐欺的に良い人でもあります。どちらも同じように復活を必要としているのです。

神はあわれみ豊かな方です。ある種の罪人にはあわれみを差し控え、他の罪人にはあわれみを及ぼすということはありません。あわれみは神の本質なので、すなわち「あわれみ豊か」であるので、神の心は罪人すべてへとあわれみを湧き上がらせます。神のあわれみは、私たちの魂の死んだ状態や、私たちみなが生まれながらにして持っている空洞化したゾンビのような存在にさえ打ち勝つのです。

エペソ人への手紙2・4のあわれみは、私たちが自分の罪の重さを感じるときには、遠く離れた抽象的なものには思えません。

＊　＊　＊

第二に、豊かなあわれみの具現化です。

神のあわれみの豊かさが私たちにとって現実となるのは、私たちが生まれつきいかに堕落していたかを見るときだけでなく、神の心から流れ出るあわれみの川が人間の形を取ったことを見るときでもあります。天のあわれみというと抽象的な概念に思えるでしょうが、そのあわれみが目に見え、耳に聞こえ、触れるものになったとしたらどうでしょうか。

それが受肉の時に起こったのです。パウロが救いをもたらすキリストの出現について語るとき、「神の恵みが現れた」（テトス2・11）と言っています。神の恵みとあわれみは、イエスご自身に結びつき、イエスご自身において現されているので、キリストの現れを語ることは恵みの現れを語ることです。「キリストは私たちの性質をまとった純粋な恵みにほかならない」[5]とシッブズは書いています。

ですから、四つの福音書に記されているキリストの働きを見るときは、「あわれみ豊か」とはどのようなものか、「あわれみ豊か」はどのように語り、罪人に対してどのように振舞うのか、苦しむ人のほうへどのように動くのかを見ているのです。イエスは、神があわれみ豊かな方であることを、そのあわれみを保証するために十字架にかかり、私たちの代わりに死ぬことで証明しただけではありません。イエスは、神のあわれみ豊かさが、実際にどのように見え、どのように語るのかも示してくださいます。

言い方を変えれば、神の愛は、キリストが来られたために、（グッドウィンのことばを借りれば）「無敵」になったのです。エペソ人への手紙2章のもっと後、6節で、パウロは、私たちは今、キリストとともに天に座らせられていると言います。つまり、キリストの中にいるならば、キリストと同じように永遠に無敵だということです。シッブズは、「キリストがそこから解放されているものは何でも、私はそれから解放されている。それが天上で今キリストを傷つけることができない以上、私を傷つけることはできない」[6]と述べています。神があなたの復活を取り去るには、その豊かなあわれみを終わらせるには、イエス・キリストご自身が天から吸い出されてアリマタヤのヨセフの墓に戻されなければなりません。それほどまでにあなたは安全なのです。

＊　＊　＊

神のあわれみ豊かさを、あなた自身の人生に当てはめて考えてみましょう。

神はあなたのことで妥協はなさいません。神の本質は、死と関わり、命をもたらすことです。あなたが回心したとき、神はそれを決定的に一度だけ行ってくださいましたが、あなたの罪と愚かさの中ではそれを何度も続けておられます。「召された後、私たちはどのようにして神を怒らせるのか！」とグッドウィンは説教をしました。「すべてのクリスチャンがそうである。……それでも〔私たちが〕救われているのは、神の愛が無敵であり、すべての困難を克服するからである」[7]

もしかしたら、あなたの人生という証拠を見ても、キリストにあるこの神のあわれみに自分は拒否されたという以外の結論を出せないかもしれません。あなたは深く虐げられてきたかもしれません。誤解されているかもしれません。信頼できたはずの人に裏切られたり、見捨てられたり、利用されたりしたかもしれません。もしかしたら、死ぬまで癒えることのない痛みを抱えているかもしれません。もし私の人生がキリストにある神のあわれみの証拠であるならば、あなたは「感動しない」と思うかもしれません。

そんなあなたに、私は言います。あなたに対するキリストのあわれみの証拠は、あなたの人生ではありません。あなたに対するキリストのあわれみの証拠は、キリストご自身が虐待され、誤解され、裏切られ、見捨てられたことです。永遠にです。あなたの身代わりにです。もし神がご自身の御子を送って、非難と拒絶と地獄の谷を歩いていかせたのなら、あなたが天国に向かう途中で自分の谷を歩いていくときも、神を信頼することができます。

もしかしたら、あなたがキリストにある神の豊かなあわれみを受け取るのが難しいのは、他人にされたことのせいではなく、自分の人生を粉砕するようなことをしてしまったからかもしれません。おそらく、一つの大きな、愚かな決断によって、あるいは一万の小さな決断によってです。あなたは神のあわれみを無駄使いしてきたのであり、そのことを知っています。

そんなあなたに、私は言います。イエスが、ご自身のあわれみを無駄使いした者たちに何をするか知っていますか。もっとあわれみを注いでくださるのです。神はあわれみ豊かな方です。そこが肝心なのです。

私たちが自分に対し罪を犯していようが、罪を犯して悲惨な状態になっていようが、聖書によれば、神はあわれみを出し惜しむのではなく気前がよく、質素ではなく惜しみなく与え、貧しいのではなく豊かな方なのです。

神があわれみ豊かであるとは、あなたの最も深い恥と後悔の領域が、神のあわれみが通過するホテルではなく、神のあわれみが留まる家であることを意味します。

それは、自分について最も身がすくむことが、神に最も強く抱きしめてもらえるようにするということです。

それは、神のあわれみは、私たちのあわれみのように計算高くて慎重なものではないということです。奔放で、洪水のようで、一面に広がる、大らかなものです。

それは、私たちの心に残る恥は、主にとって問題ではなく、主はそれを扱うことを最も好まれるということです。

それは、私たちの罪が主の愛に打撃を与えることはないということです。私たちの罪は、主の愛をよりいっそう前に打ち寄せさせるのです。

それは、私たちが静かに、ゆっくりと主の前に立つ日に、主のあわれみ豊かな心に対しいかに貧しい見方をしていたかにショックを受け、安堵して涙することになるということです。

原注

1 Thomas Goodwin, *The Works of Thomas Goodwin*, 12 vols. (repr., Grand Rapids, MI: Reformation Heritage, 2006), 2:182.

2 Goodwin, *Works*, 2:179.

3 Goodwin, *Works*, 2:176.

4 Goodwin, *Works*, 2:170–80.

5 Richard Sibbes, *The Church's Riches by Christ's Poverty*, in *The Works of Richard Sibbes*, ed. A. B. Grosart, 7 vols. (Edinburgh: Banner of Truth, 1983), 4:518.

6 Sibbes, *Works*, 4:504.

7 Goodwin, *Works*, 2:175.

訳注

〔1〕ゴラムとはトールキン作『指輪物語』『ホビットの冒険』およびその映画化作品「ロード・オブ・ザ・リング」の登場人物。魔法の指輪の魅力に取りつかれて精神も容貌も変化する。

20 私たちの律法的な心、主の豊かな心

「私を愛し……てくださった、神の御子」　ガラテヤ人への手紙2・20

クリスチャン生活には、二つの生き方があります。キリストの心のために生きることと、キリストの心から生きることのどちらかができます。神のほほえみのために生きるか、あるいは神のほほえみから生きることができます。神の息子または娘としての新しいアイデンティティーのために生きるか、あるいはそこから生きるか。キリストとの結びつきのために生きるか、あるいはそこから生きるか。

クリスチャン生活の戦いは、自分の心をキリストの心と一致させることです。つまり、毎朝起きて、生まれつきの孤児としての心構えを、あなたの兄であるキリストの働きによって、完全にそして無料で神の家族の一員に迎え入れられた者としての心構えに置き換えることです。キリストはあなたを愛し、その恵み深い心のあふれんばかりの豊かさからあなたのために身をささげてくださったのです。

健全で愛に満ちた家族の中で育った十二歳の少年を思い浮かべてください。成長するにつ

れ、両親の善悪に関係なく、彼は家族の中に居場所を確保するにはどうしたらよいかを考えます。ある週には、自分のために新しい出生証明書を作ろうとします。次の週は、余った時間をすべて使って台所をきれいにみがくことにします。その次の週には、できる限り父の真似をしようと決心します。ある日、両親が彼の奇妙な振舞いについて質問すると「家族の中での地位を確保するために全力を尽くしているんだよ！」。父はどう答えるのでしょうか。「落ち着け、息子よ。おまえが私たちの中で自分の場所を獲得するためにできることは何もない。おまえは私たちの息子。以上だ。最初に私たちの家族に入るために何かをしたわけではないし、今私たちの家族から出るために何かをすることもできない。私たちの息子であることは揺るぎなく、変えることができないことを理解して、人生を生きなさい」

この章の目的は、ガラテヤ人への手紙を振り返ることによって、私たちの従順さが神の愛を強めるのだという微妙な信念から働く慢性の傾向に、キリストの心が影響を与えるようにすることです。私たちは、右の十二歳の子供のように行動します。そして私たちの父は正しい愛で応えてくださいます。

＊　＊　＊

ガラテヤ人への手紙は、私たちが神と正しい関係にされるのは、私たちがすることではなく、キリストがなさったことに基づいていると教えています。したがって、福音を手伝うために何かするなら、福音を失うことになります。しかし、この手紙の中心的な目的は、回心の際に初めてそのことを学ぶことではなく、信仰者としていかに簡単にそこをすり抜けていってしまうかを学ぶことです。パウロの困惑した問いは、「御霊によって始まったあなたがたが、今、肉によって完成されるというのですか」（ガラテヤ3・3）です。ガラテヤ人への手紙の中心的なメッセージは、神の恵みと愛の自由さがクリスチャン生活の入り口であるだけでなく、道筋でもあるということです。[1]

この手紙の中で、パウロはガラテヤの人々が健全なクリスチャン生活を送れるように、信仰による義認の教理を説明しています。義認は、私たちの救いの客観的な側面を表しています。ただしパウロは、「私を愛し、私のためにご自分を与えてくださった、神の御子」（2・20）と語るときなどに、救いの主観的な側面、つまりキリストの愛についても語っています。健全なクリスチャン生活は、福音の客観的な側面と主観的な側面の両方の上に築かれます。つまり、キリストのわざから流れる義認と、キリストの心から流れる愛です。

そして、この二つは関連しています。一七六七年三月、牧師であり賛美歌作家であるジョン・ニュートンは、友人に手紙を書いてこう述べています。

時々、貧しくて困窮しているのに、主が自分のことを考えてくださるという希望さえ持つべきであることに驚くことがないだろうか。感じているすべてのことによって落胆してはいけない。というのは、もし私たちの主治医が全能であるならば、私たちの病が絶望的なものであるはずがないし、もしご自身のもとに来る者を誰一人として追い出されないのであれば、なぜ恐れるべきだろうか。私たちの罪は多いが、主のあわれみはそれ以上である。私たちの罪は大きいが、主の義はそれ以上である。私たちは弱いが、主は力であられる。私たちの不平のほとんどは不信仰のためであり、法的精神の残りである。[2]

「貧しくて困窮しているのに、主が自分のことを考えてくださる」というニュートンの言い方と、（先に第6章で探索したヨハネ6・37を暗示して）「ご自身のもとに来る者を誰一人として追い出されない」という事実に注目してください。ニュートンはここでキリストの心に近づきつつあります。そして、これらの保証に対する私たちの抵抗の根本的な原因であるとニュートンが診断するのは「法的精神」です。これは十八世紀の言い方で、行いによる義または律法主義、すなわち私たちの振舞いに対するキリストの好意を利用しようとする、常にある、ただし微妙な傾向を指しています。

ニュートンは、私たちがキリストの心に気づかない理由の一つは、私たちがむやみに法的精神で行動しているからであると気づくのを助けてくれます。私たちは、行いによる義に基づいて行動することが自分にとっていかに自然であるかを知らないのです。しかし、これではキリストの心を感じ取ることができません。なぜなら、この法的精神は、私たちが霊的にどのように行動しているかに応じて、キリストの心を感じる感覚を取り除くからです。寝室の換気口を考えてみてください。換気口は暖房炉につながっています。寒い冬の日にその換気口を閉めたままにしておくと、熱は家の中のダクトを循環しますが、寝室では暖かさを感じません。換気口を閉じているからです。換気口を開くと、部屋の中に暖かさがあふれます。熱はすでにそこにあって、利用されるのを待っていたのです。しかし、その恩恵を受けていませんでした。

ガラテヤ人への手紙は、私たちの心の通気口を開けて、神の恵みを感じるために存在しています。

＊　＊　＊

しかし、その愛と恵みはかなり基本的なものではないでしょうか。私たちクリスチャンはそれをすでに知っているのでは？

答えはイエスでありノーでもあります。ガラテヤ人への手紙3・10でパウロは印象的であるが簡単に見落としてしまうことについて語っています。英語版テキスト〔ESV〕には「律法の行いに頼る者はみな、のろいのもとにある」と書かれています。この箇所は続いて、その理由は、もし自分の行いによって義と認められようとしているなら、完璧に行わなければならないからであると説明します。律法による救いへのアプローチにいったん参加申し込みをすると、ほんの少しの失敗がプロジェクト全体をぶち壊します。

パウロが「律法の行いに頼る者はみな、のろいのもとにある」（3・10〔ESV〕）と言った意味を考えてみましょう。テキストは文字通りに読むと、「律法の行いからの多数の者は、のろいのもとにある」〔訳注・新改訳２０１７は「律法の行いによる人々はみな、のろいのもとにあります」〕となります。行いに「頼る」というのは良い訳ですが、行いからの（パウロはローマ9・32で、イスラエルが律法を「行いからのもののように〔訳注・新改訳２０１７「行いによるかのように」〕」追い求めていることについて語るとき、同じ表現を使っています）とは何かを考えてみましょう。パウロは、実際に行っている者たちがのろいのもとにあると言っているのではありません。行いからの者たちがのろいのもとにあると言っているのです。確かに、ここには重なる部分があり、行うこともある程度含まれています。しかし彼は行いからであることについて語っているのです。

パウロは、私たちの最も深いところにある姿をさらけ出しています。教理的に何に同意しているかではありません。何からのものであるかです。行いからのものであるとは、何かが足りないということではありません、それは誤った方向に調和していることです。ある種の精神、法的精神です。

福音が時間をかけてより深く浸透し、私たちがキリストの心にさらに深く入っていくにつれて、福音が突き刺す古い生活の最初の外殻の一つは、承認を得るためにわざを行うことです。しかし、分析して脱ぎ捨てるべきもう一つのより深いレベル、本能的または「……から性」レベルもあります。私たちは、神を喜ばせるためにわざを行うことの無意味さを一日中説きながら、その間ずっと、「行いから」の心で正しいことを言っていることができます。そして、私たちの生まれつきの「行いから性」は、信仰による義認の教理に対する抵抗を反映しているだけでなく、さらに深いところで、キリストの心そのものへの抵抗を反映しているのです。

＊　＊　＊

全体的な心理的下部構造があります。それは、堕落のために、人間関係の利用、恐怖心の詰め込み、緊張、点数記録、神経過敏なコントロール、心配に駆られての愚かな言動をほぼ絶え間なく製造することです。これらは口に出したり、考えたりさえするものではなく、口から自然に吐き出すものです。中には隠すのが上手な人もいますが、そのにおいは人々の上に感じることができます。そして、慌てて急ぐこの噴水をさまざまな現れ方の中で根源までたどっても、そこに幼少期の困難な経験やマイヤーズ・ブリッグスの性格診断やフロイトの衝動は見当たりません。そこにあるのは福音の不足です。キリストの心に気づくことが欠けているのです。すべての心配事、機能不全や恨みは、法という精神宇宙に住んでいることの自然な結果なのです。キリストの愛を感じることこそが、安らぎ、完全性、繁栄、シャロームをもたらします。すなわち健全な福音的瞬間にあなたを落ち着かせ、「行いから性」の嵐の中から一歩踏み出すことを可能にする実存的な静けさです。キリストにあって本当に無敵であることを、あなたは一瞬でも理解します。判決は出ました。何もあなたに触れることはできません。主はあなたをご自分のものとし、決して追い出しません。

キリストの心に対する、法にたきつけられた潜在的な抵抗によって生きることは、私たち皆が自分はうまく避けていると思いがちですが（あの愚かなガラテヤ人たち！）、そのような生き方は深くいきわたり、気づかないうちに浸透しています。時々起こる自意識過剰な行いによる義が示す以上に浸透しているのです。そのような自己を知る瞬間は、確かに恵みの賜物であり、無視すべきではありません。しかし、それは見えない氷山の目に見える一角に過ぎません。それは外見上の症状です。律法主義、行動主義は、その性質上、検出されません。それは私たちにとって不自然ではなく自然なことであり、普通に感じられるからです。堕落した人々にとっての「行いから」は、魚にとっての水のようなものです。

そして福音は何と言っているのでしょうか。福音は私たち一人一人の口に次のことばを入れています。「私を愛し、私のためにご自身を与えてくださった、神の御子。」主の、この私に対する心は、天でじっとしていられませんでした。私たちの罪は、主の寛大な心への感情を暗くしてしまいますが、ご自身の民に対する主の心は、太陽の存在がわずかな雲の通過や長時間の雷雨によって脅かされないのと同じように、彼らの罪によって弱められることはありません。太陽は輝いていて、それを止めることはできません。雲があろうとなかろうと、罪があろうとなかろうと、神の御子の優しい心が私の上で輝いているのです。これは揺らぐことのない愛情です。

そして新約聖書の教えは、私の罪という雲ではなく、キリストの心という太陽が、今の私を定義するということです。私たちがキリストと結ばれたとき、キリストが十字架で受けた罰が私の罰となります。つまり、すべての人間を待ち受ける終末の裁きは、キリストにある者にとってはすでに行われているのです。キリストにある私たちは、もはや裁きを未来に求めるのではなく、過去に求めるのです。十字架の上に、私たちの罪がすべてイエスの中で罰せられ、私たちへの処罰がそこで起こっているのを見るのです。ですから、愛されて回復したあなたは、回復されていないあなたに勝ち、凌駕し、のみ込むのです。その逆ではありません。

そしてクリスチャンの人生とは、自身についての自分の感覚を、「私」を持つ自分のアイデンティティーを、自我を、あの福音の不足から生じる気難しくびくびくした内面の渦巻く世界を、より根本的な真実と一致させるプロセスにほかなりません。福音とは、キリストの心に私たちを喜びへと落ち着かせてもらうようにという招きです。なぜなら、私たちはすでに見つけられ、含められ、引き入れられているからです。私たちは、日々の浮き沈みの激しい道徳的状況を、私たちに対するイエスの感情という安定していて変更のないものの支配にゆだねることができるのです。

私たちは罪人です。過去だけではなく、現在も罪を犯しています。そして、不従順によってだけでなく、「行いからの」従順によっても罪を犯しています。私たちは、キリストに愛されることに意地になって抵抗します。しかし、フラベルが「なぜ自分自身の平安に対しそれほどの敵になるべきなのか。なぜ、あなたの魂に対する神の愛の証拠を読み返すのか。……なぜ、言い抜けを研究し、あなたのためにあるそれらの慰めを消してしまうのか」[3]と言っているとおりです。

福音の中で、私たちのための慰めを自由に受け取ることができます。それを消してしまわないように。あなたを愛し、あなたのためにご自身を与えてくださったキリストの愛に心の通気口を開いてください。

主の豊かな心を思い知るとき、私たちの律法的な心は和らぐのです。

原注

1　ルターは、当然のことながら有名な彼のガラテヤ人への手紙の注解の中で、このことを特に明確に述べている。Martin Luther, *Galatians*, Crossway Classic Commentaries, ed. A. McGrath and J. I. Packer (Wheaton, IL: Crossway, 1998).

2　John Newton, *Cardiphonia*, in *The Works of John Newton*, 2 vols. (New York: Robert Carter, 1847), 1:343.

3　John Flavel, *Keeping the Heart: How to Maintain Your Love for God* (Fearn, Scotland: Christian Focus, 2012), 94.

21　あの時愛してくださり、今愛してくださる

「神は私たちに対するご自分の愛を明らかにしておられます」

ローマ人への手紙5・8

新しく生まれる前の私たちの古い失敗を、神がすべて片付けて赦してくださったと信じるのは一つのことです。それはことばにならないほど豊かな、あわれみの驚異です。けれどもそれらは結局、まだ暗闇の中にいる間に犯した罪です。私たちは、光の中を歩き、人生をかけて主を敬うための新鮮な力を与えられた者に、まだ創造されていなかったのです。また、新生した後に起こる現在の失敗も神が引き続き自由に取り除いてくださると信じることはそれとは別のことです。

私たちは、今日のクリスチャンとして、神が私たちを愛してくださっていることを知っていることでしょう。本当にそう信じています。しかし、私たちが実際に御父に刻一刻どのように関わっているのか——紙の上では何を信じていると言っていても、それが私たちの実際の神学を表しています——をより詳細に検証するならば、多くの人にはそれが失望に染めら

れた愛であると信じる傾向があります。御父は私たちを愛しておられるが、それは不安定な愛であると。父性的な愛情をもって私たちを見下ろしておられるが、少し眉をひそめておられるのが見えます。「これだけのことをしてあげたのに、どうして彼らはまだこんなに達成していないのだろう」と思っておられる姿を思い描くのです。私たちは今、ピューリタンが言うところの「光に対して」罪を犯しています。真実を知り、心が根本的に変えられたのに、それでも堕落しています。そして、主の臨在の前で私たちの魂は肩を落としたままです。もう一度言いますが、これは自分たちの愛の能力を神に投影した結果です。私たちは、神の本当の心を知らないのです。

だからこそ、ローマ人への手紙5・6～11が聖書の中にあるのです。

実にキリストは、私たちがまだ弱かったころ、定められた時に、不敬虔な者たちのために死んでくださいました。正しい人のためであっても、死ぬ人はほとんどいません。善良な人のためなら、進んで死ぬ人がいるかもしれません。しかし、私たちがまだ罪人であったとき、キリストが私たちのために死なれたことによって、神は私たちに対するご自分の愛を明らかにしておられます。ですから、今、キリストの血によって義と認められた私たちが、この方によって神の怒りから救われるのは、なおいっそう確かなことです。敵であった私たちが、御子の死によって神と和解させていただいたのなら、和解させていただいた私たちが、御子のいのちによって救われるのは、なおいっそう確かなことです。それだけではなく、私たちの主イエス・キリストによって、私たちは神を喜んでいます。キリストによって、今や、私たちは和解させていただいたのです。

＊　＊　＊

クリスチャンの良心とは、感応した良心です。神を父として知り、創造主に対する自分たちの反逆に目を開かれた今、私たちは罪の醜さをこれまで以上に深く感じます。失敗は魂をかつてないほど縮みあがらせます。そして、神の恵みによる罪人の贖いの祝福を喜ぶテキスト（ローマ5・1～5）に続いて、パウロはことばを切ってから、今後どのようにして神の臨在と好意を確信することができるのかを私たちに確信させようとします（ローマ5・6～11）。

このローマ人への手紙5章の第2段落では、パウロはだいたい同じことを三回も言っています。

キリストは、私たちがまだ弱かったころ、定められた時に、不敬虔な者たちのために死んでくださいました。（ローマ5・6）

私たちがまだ罪人であったとき、キリストが私たちのために死なれた……（ローマ５・８）

敵であった私たちが、御子の死によって神と和解させていただいたのなら……（ローマ５・10）

同じ真理を逆に言うと、イエスは、私たちが強くなったらすぐに私たちのために死んだのではなく（５・６）、私たちが罪深さを克服し始めたらすぐに私たちのために死んだのではなく（５・８）、私たちが神に対して友好的になったらすぐに神は私たちをご自分と和解させたのではない（５・10）のです。

神は私たちと妥協はなさいませんでした。私たちの価値を評価して思いとどまること、慎重になることを拒まれました。そうすることは神の心ではありません。神と御子が主導したのです。恵み、しかも恵みのみという条件でです。私たちが受けるべきものではないにもかかわらず。私たちが、笑顔や礼儀正しさとは裏腹に、神から全力で逃げ出し、自分の王国を築き、自分の栄光を愛し、この世の詐欺的な快楽を味わい、神の美しさに反発し、神の「戻ってこい」という呼びかけに耳を塞いでいたとき、そのとき、天の君は、その反乱する存在の空洞化した恐怖の中で、自分を慕っている天使たちに別れを告げたのです。そのとき、永遠の過去から計画された神の戦略で、まさに反逆者たちの殺人の手に身を投じたのです。それは、泥だらけの罪人を、彼らが自由になって自分で体をごしごし洗おうと身をよじっているにもかかわらず、きれいに洗って自分の心に抱きしめるためでした。キリストは死に向かって下っていきました。ウォーフィールドが言うところの「耐えがたい苦悩に自発的に耐えること」[1]ですが、私たちはその間拍手をしていました。そんなことはどうでもよかったのです。私たちは弱く、罪人であり、敵でした。

事実として、聖霊が私たちの心に流れ込んできて初めて、「主は私の死の中を歩かれたのだ」という認識が私たちに押し寄せてきたのです。そして、イエスは単に死んだだけではありませんでした、有罪判決を受けたのです。私のために天を離れただけでなく、私のために地獄を耐え抜いたのです。有罪判決を受ける必要のないイエスが、それを受けるにふさわしいのは私だけだったのに、私の代わりにそれを受け入れてくださったのです。それがイエスの心です。そして、私たちの空っぽの魂に、渇いた口に冷たい水の入ったコップを与えるように、神はご自身の聖霊を注いで、神の愛の実体験を内面化してくださいました（5節）。

この天の救いの作戦の目的は何だったのでしょうか。「神は私たちに対するご自分の愛を明らかにしておられます」（8節）。ここで「明らかにしておられる」と訳されているギリシア語の意味は、実証的に称賛する、主張する、明白に浮き彫りにする、疑問の余地をなくす、です。キリストの死において神は、ご自身についての私たちの暗い考えや、神の愛には終点や限界、最後には枯れ果てる時点があるはずだという私たちの慢性的な主張に立ち向かっておられます。キリストは、神の愛には有効期限があるという私たちの直感的な前提を当惑させるために死なれたのです。ジョナサン・エドワーズが言ったように、神の愛が「岸も底もない大海原」[2]であることを証明するために死なれたのです。神の愛は、神ご自身と同じように無限です。使徒パウロが神の愛を、計り知れない「広さ、長さ、高さ、深さ」（エペソ3・18）にまで及ぶ現実として語っているのはこのためで、これは神ご自身がそうであるように宇宙で計り知れない唯一のものです。神の愛は、神ご自身と同じくらい広大なものです。

神がご自分の者たちを愛さなくなるには、神が存在しなくなる必要があります。なぜなら、神は単に愛をもっておられるのではなく、ご自身が愛だからです（Ｉヨハネ4・16）。私たち罪人のためにキリストが死なれたことで、神は私たちへの愛を疑う余地のないものにしようとしておられます。

＊　＊　＊

これは世界の歴史の中で最大のニュースです。ただし、このことさえも、6節から11節までのパウロの主な趣旨ではありません。彼が追い求めているのは別のものです。

ローマ人への手紙5・6~11でパウロが目指している究極のポイントは何でしょうか。おもに、神の過去のみわざではありません。パウロの最も深い趣旨は、その過去のみわざを前提とした私たちの現在の安全です。彼はキリストの過去のみわざをもち出して、この点を強調しています。あの頃、あなたの頭がおかしくて神に全く関心をもたなかったときに、神がそれをしてくださったのなら、今何を心配しているのかと。6節から11節までの中心的な趣旨は、9節の「ですから」に集約されています（ここの点で段落全体が回転することに注目してください）。「ですから、今、キリストの血によって義と認められた私たちが」――そして今、私たちはパウロの激しい関心事を聞きます――「この方によって神の怒りから救われるのは、なおいっそう確かなことです」。10節は、この点をさらに強調しています。「敵であった私たちが、御子の死によって神と和解させていただいたのなら」――そしてここに再び論点が語られます――「和解させていただいた私たちが、御子のいのちによって救われるのは、なおいっそう確かなことです」。

9、10節の「救われる」ということば遣いは、現世での回心の瞬間ではなく、来世で神の臨在の中に入ることを指しており、最終的な救いを見据えています。パウロは、天に至るまで神が面倒を見てくださらなければ、回心した時点で真に義と認められることは不可能だと言っているのです。回心とは再出発ではありません。回心とは、本物の新生とは、私たちの未来を無敵にすることです。神が私たちのところに来て義と認めてくださったときに私たちは敵でした。私たちが友人であり、確かに子である今、神はどれほど私たちの世話をしてくださることでしょうか。ジョン・フラベルが言ったように、「神が最初、あなたが高いからといってあなたを選んだのではないように、今、あなたが低いからといってあなたを見捨てることはない」[3]のです。

キリストに結ばれた私たちは、今の自分の失敗を神はどう思っておられるだろうと考えてしまいがちです。ローマ人への手紙5章の論理はこうです。私たちが神を憎んでいたとき、神は御子を通して私たちに近づいてくださいました。私たちが神を喜ばせることができるようにと願っている今、神は遠く離れたままでしょうか。

私たちが孤児として失敗しているときに、神は私たちのために惜しみなく苦しんでくださいました。私たちが神の養子となった今、私たちの失敗を前にして腕を組まれるでしょうか。

私たちが失われていたときに、主の心は私たちに向かって柔和でへりくだっていました。私たちが見つけられている今、私たちに対するその心が何か違っているでしょうか。

いいいい、いいいい、

私たちがまだ……であったとき、その時、混乱の中にいる私たちを愛してくださいました。今、混乱の中の私たちを愛してくださいます。罪を犯すことによる苦悩は、子として迎え入れられたことの結果なのです。冷たい心が悩まされることはありません。私たちは過去の自分とは違うのです。

罪を犯すときは、徹底的に悔い改めましょう。罪をもう一度再び憎んでください。聖霊とその純粋な方法に新たに身を捧げます。ただし、神のあなたへの優しい心が少し冷たくなった、少し硬くなったという、悪魔のささやきは拒絶してください。神は、あなたの罪深さに動揺する方ではありません。神が最も失望するのは、神の心についてのあなたの生ぬるい考えです。キリストは死んで、神の愛をあなたの前に提示なさったのです。

あなたがキリストの中にいるなら――そしてキリストのうちにある魂だけがこの方を怒らせることで悩むのです――あなたのわがままによって、神の愛の中でのあなたの地位が脅かされることはありません。それは歴史そのものが元に戻せないと同じです。最も困難な部分はすでに達成されました。神は、あなたの永遠の幸福を確保するために必要なすべてのことをすでに実行し、あなたが孤児である間にそれをなさったのです。今や何ものによってもあなたが神の子でなくなることはできません。キリストにある者は、神の優しい心の中に永遠に入れられるのです。来世では今より罪深さが少なくなるかもしれませんが、来世では今より安全であるということではありません。キリストに結ばれていれば、すでに天国にいるも同然なのです。スポルジョンは次のように説教しました。

キリストはあらゆる世界より前に、あなたを愛しておられた。太陽が暗闇を横切って光を投げ出すずいぶん前、御使いの翼が航行されることのない天空をはたく前、被造物のあらゆるものが無という母胎からもがき出る前に、神は、実に私たちの神は、ご自身のすべての子供に心を寄せておられた。

その時以来、神は一度でも道を外されただろうか。一度でも脇にそれ、一度でも変わられただろうか。否。神の愛を味わい、神の恵みを知っているあなたがたは、私に証言してくれるだろう。神は不確かな状況において確かな友であったと。……

あなたはしばしば主を見捨てたが、主があなたを見捨てられたことはあるだろうか。あなたには多くの試練や困難があったが、主があなたを見放されたことはあるだろうか。心をそらし、あわれみの心を閉ざされたことがあるだろうか。いや、神の子たちよ、「いいえ」と言い、主の誠実さを証言することがあなたがたの厳粛な義務である。[4]

原注

1　B. B. Warfield, *The Person and Work of Christ* (Oxford, UK: Benediction Classics, 2015), 134.

2　Jonathan Edwards, "That God Is the Father of Lights," in *The Blessing of God: Previously Unpublished Sermons of Jonathan Edwards*, ed. Michael McMullen (Nashville, TN: Broadman, 2003), 350.

3 John Flavel, *Keeping the Heart: How to Maintain Your Love for God* (Fearn, Scotland: Christian Focus, 2012), 43.

4 Charles Spurgeon, "A Faithful Friend," in *Sermons of C. H. Spurgeon* (New York: Sheldon, Blakeman, 1857), 13–14.

22　最後まで

「世にいるご自分の者たちを愛してきたイエスは、彼らを最後まで愛された」

ヨハネの福音書13・1

「キリストにある愛は、朽ちることがなく、とても愛されている対象に起こること、あるいはこれから起こるであろうことによって、そうなるようにと誘惑することもできない」[1]とバニヤンは書いています。この章の前の数章で見ているのは、罪人や苦しむ人に対するキリストの心は、時折あるいは一時的に優しさで輝いても、時間が経つにつれ途切れてしまう、というものではないということです。心の柔和さとへりくだりは、私たちの中のすべての愛らしさが枯れてしまったときにも、安定して、一貫して、永遠に続くキリストのあり方なのです。

どのようにしてそれがわかるのでしょうか。

それは、ヨハネの福音書13・1の内容からわかります。すなわち、四福音書全体の最後の数章で語られている物語で、イエスは十字架という断崖まで来たが、考えを変えることはなかったということです。崖の端の先まで歩いていかれたのです。

比較するとヨハネの福音書は、他のどの福音書よりも、イエスの生涯の最後の一週間に多くのスペースを割いています。そして、この福音書の最後の拡張された部分の幕開けとなるのが13章の最初の節です。イエスは最後までご自分の者たちを愛していたというヨハネのことばにより受難の物語が始まり、キリストの罪状認否と十字架刑は、ヨハネの福音書13・1で端的に言われていることの歴史的実証となっています。そして13・1でヨハネが言いたいのは、イエスは十字架へ向かう際に、私たちが犠牲を伴って人を愛そうとするときにしがちな、何かを自分のためにもち続けることはなさらなかったということです。イエスは私たちのようには愛さないのです。

私たちは裏切られるまで愛します。イエスは裏切られても十字架へ向かい続けました。私たちは見捨てられるまで愛します。イエスは、見捨てられている間愛しました。

私たちは限界まで愛します。イエスは最後まで愛するのです。

＊　＊　＊

ヨハネの福音書13・1は、「最後まで」という短い表現で、罪人や苦しむ人たちに何を語っているのでしょうか。それは、前章で考察したローマ人への手紙5章前半と同じです。そでの焦点はより客観的なもので、パウロが義認の教理をローマ人への手紙3章から5章の終わりまでで語っているとおりです。このヨハネの福音書には同じような再確認がありますが、それはより主観的なもので、イエスの愛に焦点を当てています。ローマ人への手紙5章では、私たちを見捨てることは神の正義に背くことだと言っています。ヨハネの福音書13章では、私たちを見捨てることはキリストご自身の心に背くことだと言っているのです。

次のように書いてあります。

さて、過越の祭りの前のこと、イエスは、この世を去って父のみもとに行く、ご自分の時が来たことを知っておられた。そして、世にいるご自分の者たちを愛してきたイエスは、彼らを最後まで愛された。（ヨハネ13・1）

イエスは、これがご自分にとっての終わりの始まりであることを知っておられました。この地上での働きの最終章、最も深い谷に向かっておられるところでした。「この世を去って父のみもとに行く、ご自分の時が来たことを知っておられた」のです。その後ヨハネは感動的な思索の瞬間に立ち止まって、イエスの働きを振り返り、最後の週を待ち望みます。振り返ってみて、イエスは「世にいるご自分の者たちを愛して」こられたとヨハネは言います。

前を見ると、「最後まで愛された」ということです。

この時点までのイエスの働きは、全く厳しいものでした。肉体的には疲れと空腹、人間関係では友人や家族からの誤解や虐待、公の場では宗教的エリートからの追い詰めや非難がありました。しかし、それらはみな、今イエスの前にあるものに比べれば何ということはなかったでしょう。溺れることに比べれば、冷たい小雨はなんでしょう。ギロチンに向かっているときに悪口を怒鳴られても、それが何でしょう。

何が差し迫っていたのかを正確に考えてみてください。イエスは、御父の意思を揺るぎなく実行されました。しかし、その間ずっと、イエスはご自分が御父の喜びと好意を受けていることを知っていました。それはイエスに宣告されていたのです（マタイ3・17、17・5）。今、最悪の悪夢が押し寄せようとしています。地獄自体が、すなわち、たとえではなく実際に非難と暗黒と死の恐怖が、その口を大きく開きつつありました。

十字架の恩恵を受けていると主張する私たちにとって、十字架で何が起こったのでしょうか。

それはもちろん、計算では理解できません。浮気された配偶者の痛みが、三歳児には理解できないのと同じです。ましてや、神の民の罪深さすべてに対する積み重なった裁きを一人の人の上に注ぐことが神にとって何を意味したかは私たちに理解できないでしょう。しかし、例えば、罪のない被害者に考えられないような虐待を犯した加害者に対する私たちの気持ちを考えてみると、最後のアダムであるキリストが神の民の罪を背負ったときに、神がキリストに対して感じられた気持ちを少し知ることができます。私たちが感じる、そして感じないことが間違っている、人間の正義の怒りは、神の正義の怒りという大海の一滴に過ぎません。

結局、神はたった一人の罪のためではなく、多くの人の罪のためにイエスを罰したのです。イザヤが「主は私たちすべての者の咎を　彼に負わせた」（イザヤ53・6）というしもべについて語っているのは、何を意味しているべきでしょうか。キリストにとって、選ばれた者たちの累積されたねじれ、自己を王位につけること、神への生まれつきの憎しみを呑み込んでしまうことは何だったのでしょうか。一人の人間の罪だけでなく、「私たちすべての者の咎」によって生み出された正しい神の怒りの総計にとって、たった一人の魂の上に落ちて行くことは、どのようなことだったはずでしょうか。

推測の域を出ませんが、私自身には、キリストが死んだのは肉体的な極限状態のためだったとは信じられません。何世紀にもわたって蓄積された怒りを吸収することの重さに比べれば、肉体的な拷問など何でしょう。山のように積み重なった恐怖など何でしょう。神の民の心から出てくるあらゆる欲望に満ちた考えや行為、それも多くの罪の中の一つであるという罰の総体を吸収する中で、イエスはどのようにして正気を保っていたのでしょうか。おそらく、絶望がイエスを死に至らしめたのでしょう。神に見捨てられることを考えて血の汗を流していたとしたら（ルカ22・44）、それを実行することはどのようだったでしょうか。イエスが死んだのは、肺から酸素が抜けたからではなく、心から神の愛が抜けたからではないでしょうか。神の民にふさわしいものを飲み干すとき、誰が精神的安定を保つことができるでしょうか。「このような精神的苦痛の前では、十字架刑の肉体的な拷問は背景に退き、私たちの主は十字架上で死んだとはいえ、十字架の死ではなく、よく言われるように、傷ついた心の死を遂げたと信じることができるだろう」[2]とウォーフィールドは書いています。キリストの心の苦しみは、肉体の限界を超えていたのです。

新約聖書学者のリチャード・ボウカムは、詩篇22・1（「わが神 わが神 どうして私をお見捨てになったのですか」）は元々ヘブル語で書かれたものだが、イエスはアラム語でそれを言ったのであり、こういうわけで個人的にこのことばを使っておられたと指摘しています。[3]イエスは、ダビデの千年前の経験を、単に便利な並行表現として繰り返したのではありません。詩篇22・1の千年にわたる苦悩の叫びすべてが、イエスの中で反復され、成就され、深化されていたのです。イエスは真の詩篇22・1であり、私たちはその影です。神の民として、私たちの見捨てられたという感情のすべてが、カルバリでの苦悩に満ちた恐怖の一瞬に、実際の人間の心を通して注ぎ込まれたのです。

その下で誰が耐えられるでしょうか。誰が泣き叫ばずに黙っているでしょうか。

生涯を通じて、神との交わりが酸素であり、肉であり、飲み物であり、一度も罪に割り込まれたことがなかったのに、突然、私たちのすべての罪の、ことばで表せないほどの重さを背負うのです。誰がそれに耐えられるでしょうか。そのような交わりの深さを失うことは、確かに死を意味しました。宇宙の中心にある大きな愛が二つに裂かれつつありました。世界の光が消えようとしていたのです。[4]

そして、神はその正義の怒りを爆発させる際に、道徳的に中立な木を打っていたのではありません。愛らしい方を裂いておられたのです。美と善良さそのものであるお方自身が、醜くされ悪口を言われていました。「神に罰せられ、打たれ……」（イザヤ53・4）

私たち醜い者が自由に美しくされ、赦され、鎮められるためです。私たちの天国は、その方の地獄を通してです。私たちが愛に入るのは、イエスが愛を失うことを通してなのです。

これこそが、最後まで愛することの意味でした。十字架の恐怖を通過して、汚れの洪水、何世紀にもわたる罪、私たちの目から見ても嫌なものすべてを飲み下したのです。

＊　＊　＊

しかし、なぜイエスはそれをやり遂げたのでしょうか。なぜ、地獄の非難の恐怖の中に足を踏み入れたのでしょうか。それに値しない唯一の人だったときに。

聖書にはこう書かれています。「ご自分の者たちを愛してきたイエスは、彼らを最後まで愛された。」バニヤンは、この愛の働きを教えてくれます。

対等な者が愛し、目上の者が愛されるのは普通のことである。しかし、王の王、神の御子、イエス・キリストが人間をこのように愛すること、これは驚くべきことであり、しかも、その愛の対象である人間が、聖典によってどこにでも記述されているように、あまりにも低く、卑しく、下劣で、価値がなく、取るに足らない存在であるため、なおさらである。

この方は、栄光の王と呼ばれている。しかし、その主に愛されている人たちは、違犯者、罪人、敵、塵と灰、のみ、虫けら、影、蒸気、下品、汚い、罪深い、汚れた、神を信じない愚か者、狂人と呼ばれている。そして今、それは驚くべきことではないだろうか。これとともに私たちは影響を受けて、あなたはそのような者に目を留めるのか、と言わないだろうか。しかし、主が私たちに心を寄せてくださるときは、なおさらである。

この方の中の愛は、この方の存在にとって不可欠である。神は愛であり、キリストは神である。したがって、キリストは愛であり、生まれつき愛である。愛することをやめるくらいなら、自分の存在をなくしたほうがよいのである。……
キリストからの愛は、愛されるべき対象の美しさを必要としない。そのような種類の依存なしに、ひとりでに自分自身から行動することができる。主イエスは彼らを愛するために心を定めておられる。[5]

バニヤンがキリストの愛を、キリストが私たちに心を寄せることとして語っていることに注目してください。使徒ヨハネが、イエスは最後までご自分の者たちを愛したと語るとき、ベールを引いて、イエスという人物の深みをのぞき見させてくれているのです。イエスのご自分の者たちへの心は、矢のように素早く放たれてすぐに地面に落ちてしまうものではなく、ランナーのように素早くスタートしてもすぐに遅れてよろめくものでもありません。イエスの心は時間とともに勢いを増す雪崩であり、広がるにつれて激しくなっていく山火事です。

これは、キリストが無差別にそうであるということではありません。テキストには、イエスが最後まで愛しているのは「ご自分の者たち」だと書かれています。「ご自分の者たち」とは、ヨハネの福音書全体で使われている表現で、キリストの真の弟子たち、神の子たちを指します。例えば、ヨハネの福音書10章では、イエスはご自分に従う者たちのことをご自分の羊と言い、「自分の羊たちを、それぞれ名を呼」ぶ（3節）と言っています。イエスの羊ではない者たちにとって、イエスは恐ろしい審判者であり、その怒りをなだめることも和らげることもできない方です。聖書は、イエスがいつの日か「燃える炎の中に、力ある御使いたちとともに天から現れ……神を知らない人々や、私たちの主イエスの福音に従わない人々に罰を与えられます」（Ⅱテサロニケ1・7～8）と教えています。この箇所には続いて、キリストに属していない者は「永遠の滅びという刑罰を受け」る（1・9）とあります。

しかし、ご自分の者たちのために、イエスご自身がその罰に耐えたのです。イエスはご自分の心をご自分の者たちに定められました。彼らはイエスのものです。「地上に最も卑しく、最も弱く、最も貧しい信仰者はいない」とオーウェンは書いています、「だがキリストは全世界よりその者を尊ばれる」[6]のです。

キリストは、死自体を通してずっとご自分の者たちを愛されました。これはあなたにとってどんな意味があるべきでしょうか。それはまず、あなたの将来が保証されているということです。あなたがイエスの者であるなら、天国と安心がやって来つつあり、あなたはイエスの者でなくなることはありません。イエスご自身があなたをご自分の者にされ、あなたはイエスの手から抜け出すことはできません。

そして、第二に、イエスが最後まであなたを愛されることを意味します。イエスの死に基づいてあなたの未来が保証されているだけでなく、イエスの心において証明されたあなたの現在も保証されているのです。イエスが最後まであなたを愛されるのは、そうしなければ耐えられないからなのです。出口戦略はありません。婚前契約はありません。彼は最後まで愛されます。「彼らの人生の最後まで、彼らの罪の最後まで、彼らの誘惑の最後まで、彼らの恐怖の最後まで」[7]です。

原注

1　John Bunyan, *The Saints' Knowledge of the Love of Christ*, in *The Works of John Bunyan*, ed. G. Offor, 3 vols. (repr., Edinburgh: Banner of Truth, 1991), 2:17.

2　B. B. Warfield, *The Person and Work of Christ* (Oxford, UK: Benediction Classics, 2015), 133.

3　Richard Bauckham, *Jesus and the God of Israel:* God Crucified *and Other Studies on the New Testament's Christology of Divine Identity* (Grand Rapids, MI: Eerdmans, 2008), 255–56.

4　これは、御子が父の愛を絶対的に失ったということではない。三位一体はこの意味では分けられない。そして三つの位格があっても、これはやはり一つの神なのだから、御父と御子の関係についてどのように語るかに注意しなければならない。そうではなく、現実の人間として、またすべての選民の身代わりを務める御子の経験は、神の愛の感覚と、経験されていた御父との交わりの開かれた経路を失うことであったということである。この点については、特に以下を参照。Francis Turretin, *Institutes of Elenctic Theology*, 3 vols., trans. G. M. Giger, ed. J. T. Dennison (Phillipsburg, NJ: P&R, 1997). この書の十四番目のトピック（第二巻）は「キリストの仲保者職」であり、その中でトゥルレッティーニは十字架を、御父の愛の経験の喪失であるが、御父の愛の絶対的喪失ではないと説明する。受難物語のことば遣いに忠実に従えば、十字架上での見捨ては、おもに神によるイエス（罪深い人間性の代表）の見捨てとして理解されるべきであり、おもに御父による神の御子の見捨てではない。

5 Bunyan, Works, 2:16–17, 傍点は原文通り。

6 John Owen, *Communion with God* (Fearn, Scotland: Christian Heritage, 2012), 218.

7 John Bunyan, *The Work of Jesus Christ as an Advocate*, in *Works*, 1:201.

23　主の心に永遠に埋もれて

「それは……私たちに与えられた慈愛によって、この限りなく豊かな恵みを、来たるべき世々に示すためでした」

エペソ人への手紙2・7

万物の意味とは何でしょう。私たちの小さな普通の人生にとって、テロス（究極の目的）、目標、巨視的な理由、ゴールとは何でしょうか。

答えが「神の栄光を現すこと」であるなら、私たちは聖書的にも歴史的にも、確固たる基盤の上にいます。

それ以外に何があるでしょうか。私たちは芸術品であり、美しくあるようにデザインされており、その結果、私たちを創った芸術家に注目を集めるのです。それ以外のためには創られていません。神の栄光を現すために生きるとき、唯一の真の意味で人間らしい生き方を始めます。オレンジジュースではなくガソリンで走る車のように、正しく機能します。その上、これほど楽しい人生があるでしょうか。自分自身の苦痛には疲れますが、他者のために生きる喜びは、何と活力に満ちあふれていることでしょう。

しかし、私たちの人生の最終ゴールが神の栄光を現すことであるとしたら、そこに到達する方法は何でしょうか。つまり、人生の「理由」について私たちが合意できるなら、その「方法」についても合意できるのではないでしょうか。私たちはどのような方法で神の栄光を現すのでしょうか。そして、永遠の中へと向かって、神の栄光はどのようにして永久に現されることになるのでしょうか。

私たちが神の栄光を現す一つの方法は神への従順であり、自分が一番よく知っていると信じることを拒否し、代わりに神の道が人生の道であると信じることです。聖書は、私たちが未信者の間で「立派」な生き方をするように求めています。「そうすれば、彼らが……あなたがたの立派な行いを目にして……神をあがめるようになります」（Ｉペテロ２・12）

キリストの心を学ぶこの最終章では、神に栄光を帰するもう一つの方法、しかもこれからもそうであり続ける方法について考えてみたいと思います。ジョナサン・エドワーズが私たちのコーチとなります。

＊　＊　＊

ジョナサン・エドワーズは晩年の説教でこう説きました。「世界の創造は、特に以下の目的のために行われたように思われる。」さて、あなたならこの文章をどのように仕上げたでしょうか。エドワーズはこうしています。

世界の創造は、特に以下の目的のために行われたと思われる。それは神の永遠の御子が配偶者を得るためであり、その配偶者に対して、ご自身の性質の無限の慈悲を十分に発揮することができるように、また、いわば、ご自身の心の中にある寛容と愛と恵みの巨大な泉をすべて開いて注ぎ出すことができるように、そしてこのようにして神が栄光をお受けになるためである。[1]

エドワーズのことをよく知っている人なら、彼の宣教活動や執筆活動で強調されていたことの一つが神の栄光であったことを、ご存じだと思います。彼は徹底してはっきりとした神中心の思想家でした。彼は「神が世界を創造された目的」という論文を書き、その中で、世界は神の栄光のために存在するという一点を論じました。

しかし、エドワーズが言った「どのように」起こるかということについて、私たちはあまり意識していないことがあります。左記の引用文は、代表的なことばです。神が世界を造ったのは、御子の心に出口があるためだった。今日では「慈悲」(benevolence)というようなことばはあまり使いませんが、それは親切で善良な気質、跳ね上がる準備ができている共感というバネ、を意味します。せき止められた川を想像してみてください。溜まっていて、膨らんでいて、今にも噴き出しそう。キリストの心の中の優しさはそのようなものなのです。キリストは無限の慈悲深い方であり、人間の歴史は、「寛容と愛と恵みの巨大な泉をすべて開いて注ぎ出す」機会なのです。世界の創造と、再創造の作業を必要とする破滅的な罪への落ち込みは、キリストの心のダムを解放しました。そして、キリストの心の洪水は、神の栄光が他の方法ではできないほど遠く明るくほとばしる方法です。

キリストとその花嫁との間の結婚のこの歓喜は、この人生での経験の範囲では、この世で比較的小さな規模で始まっています。しかし、キリストと花嫁の最終的な結合は、聖書のまさに最後で起こります。それは、天が「夫のために飾られた花嫁のように整えられて」(黙示録21・2)、地上に降りてくるときです。永遠に向かって私たちは、神の栄光を享受することになります、けれども(再び言いますが)どのようにでしょうか。答えはこうです。キリストの栄光は、罪人への愛の中に顕著に見られ、享受されているのです。

不屈の精神で有名なアメリカ先住民への宣教師、デイビッド・ブレイナードは、一七四七年十月にマサチューセッツ州西部のエドワーズ家で亡くなりました。ジョナサン・エドワーズが葬儀の説教をしました。来世でキリストを見ることを熟考しながら、エドワーズは次のように述べたのでした。「彼らが見るであろうこのキリストの栄光の性質は、彼らを引きつけ、励ますほどのものである。彼らが見ることになるのは無限の威厳と偉大さだけでなく、その威厳に等しい無限の恵み、寛容と温和、優しさと甘さであるからである。」その結果、「キリストの偉大な王としての威厳を目にしても、彼らにとっては何の恐怖でもなく、喜びと驚きをより一層高めることになるだけである」と。もっと具体的に言うと

天国でキリストと一緒にいる亡くなった聖徒の魂には、あたかも自分たちに打ち明けてくれるかのようなキリストが、永遠にそこにあった自分たちへの無限の豊かな愛を現してくださるであろう。……彼らは豊かに食べ、飲み、愛の大洋を泳ぎ、限りなく明るく、限りなく穏やかで甘い神の愛の光線の中に永遠に呑み込まれるであろう。[2]

世界の創造は、キリストの恵み深い心にはけ口を与えるためでした。そして天の喜びとは、その自由で汚れのない心を永遠に楽しむことができることです。

＊　＊　＊

しかし、これは聖書的なことなのでしょうか。

この本で前にエペソ人への手紙２・４の「あわれみ豊かな」という表現について考えまし

た。その長い文章の最後（7節）で立ち止まって、パウロが述べているのは私たちの救いの究極的な理由であることを観察したことはありますか。それは、たとえ好きなようにさせておかれたとしても絶望的な私たちの状況を描写した上で、次のように述べています。

しかし、あわれみ豊かな神は、私たちを愛してくださったその大きな愛のゆえに、背きの中に死んでいた私たちを、キリストとともに生かしてくださいました。あなたがたが救われたのは恵みによるのです。神はまた、キリスト・イエスにあって、私たちをともによみがえらせ、ともに天上に座らせてくださいました。それは、キリスト・イエスにあって私たちに与えられた慈愛によって、この限りなく豊かな恵みを、来たるべき世々に示すためでした。

新しい天と地での終わりのない永遠のいのちの要点は、神が「キリスト・イエスにあって私たちに与えられた慈愛によって、この限りなく豊かな恵みを……示す」ことです。ここに私たちがいます。普通の人間で、不安を抱えながら人生を歩み、罪を犯し苦しみ、さまよっては戻り、後悔し絶望し、キリストにあるなら永遠に享受できるものの心の感覚から、しつように遠ざかっています。

エペソ人への手紙2・7のようなテキストは、私たちの実時間の生活と実際につながっているのでしょうか。それとも、神学者が書くためだけのものなのでしょうか。

キリストの心についての学びを終えるにあたり、エペソ人への手紙2・7をじっくりと読み、この短いテキストによって私たちが何に向けて解放されつつあるのかを正確に考えたいと思います。このテキストは、私たちの未来が何であるかについての聖書の教えを広く反映しているに過ぎません。

「それは、キリスト・イエスにあって私たちに与えられた慈愛によって、この限りなく豊かな恵みを、来たるべき世々に示すためでした」とありますが、これはキリストにある者にとってどのような意味があるのでしょうか。それは、ある日、神が私たちを衣装だんすを通ってナルニア国へ連れて行ってくださり、私たちは、喜び、驚き、驚嘆、安堵のあまり、その場に立ちすくむということです。

そこに立っている間、私たちは現世の罪を叱られることは決してなく、不審な目で見られることも決してなく、「これを楽しんでください、でもあなたはこれに値しないことを覚えておいてください」と言われることも決してないということです。天国と永遠とのポイントは、まさにイエスの「慈愛による恵み」を楽しむことです。そして天国のポイントが慈愛によるイエスの限りなく豊かな恵みを示すことであるなら、私たちは安全です。なぜなら、私たちを締め出すのではないかと恐れているもの、つまり私たちの罪は、神の恵みと慈愛の壮観さを高めるだけだからです。

つまり、今の私たちの堕落は、天を楽しむ障害ではないということです。天を楽しむための重要な要素なのです。私たちが人生をどのように台無しにしていても、それは私たちの最終的な栄光と静けさと輝きの一部なのです。私たちがしたことで人生がめちゃくちゃになってしまったこと、それはキリストにある神がこの世でこれまで以上に現実的になり、次の夜で私たちにとってより素晴らしい存在になる場です（私たちの中でかなりきれい好きだった人も、ある日そこにたどり着いて、自分の心の奥底に罪や自己義認、プライド、そしてあらゆる種類の強情な潜在的反抗がいかに深くあったか、そしてそのすべてが神の慈愛による恵みをいかに急上昇させるかをこれまで以上に理解し、私たちもまた、私たちに対する神の心の偉大さに驚いて立ち尽くすことになるでしょう）。

もし神の慈愛による恵みが「限りない」のであれば、私たちの失敗が神の恵みを上回ることなどできません。人生に完全に打ちのめされたと感じる瞬間こそ、神の心が宿る場所なのです。私たちに最もつきまとう失敗や後悔の区域こそ、神の心が最も揺るぎなく引き寄せられる場所です。

もし神の慈愛による恵みが、測定可能な中流の恵みとは反対の、「限りなく豊か」なものであるならば、私たちの罪が神の心を使い尽くすことなどできません。それどころか、弱さや失敗が多ければ多いほど、神の心はますますご自身の者たちへ向かうのです。

エペソ2・7は、「限りなく豊かな恵み」というだけではなく、「慈愛によ〔る〕……限りなく豊かな恵み」と言っています。「慈愛」と訳されているギリシア語は、相手に不快な思いをさせないために自分の力の範囲のことをしたいという願いを意味しています。マタイの福音書11・30でイエスが「わたしのくびきは負いやすく」と言っておられるとき使われているのと同系統のことばです。イエスのくびきは優しいのです。エペソ人への手紙2・7の「慈愛」について、グッドウィンは次のように述べています。「ここでその単語は、すべての甘さ、すべての率直さ、すべての親しみやすさ、すべての心遣い、すべての善意、そして心を尽くしていることを暗に意味している」[3]

慈愛による主の恵みは、「私たちに向かって」〔訳注・ＥＳＶ〕いるのです。これを「私たちに」〔新改訳２０１７〕と訳すこともできるし、「私たちを覆って」や「私たちの上に」でもいいでしょう。これは個人的なことです。抽象的ではありません。主の心、主の思いは、今も、そして永遠に、私たちに向かっています。主の恵みは、どうやって入るかを考えなければならないような、外にある塊ではありません。主は、個人的に、個別に、永遠に、私たちに恵みを送ってくださるのです。恵みという「もの」は存在しません〔そのような見方はローマ・カトリックの教えであることを忘れないように)。抽象的な恵みではなく、キリストご自身を送られるのです。だからこそ、パウロはすぐに「キリスト・イエスにあって」と付け加えたのです。

「キリスト・イエスにあって」といえば、もしあなたがキリストにあるなら、自分に何が当てはまるか気づいておられるでしょうか。イエスと結ばれている者は、あらゆる人間関係、あらゆる会話、あらゆる家族、あらゆるメール、あらゆる朝の目覚め、あらゆる仕事、あらゆる休暇など、あらゆるものを汚染する、付きまとって離れない破壊が、いつの日か巻き戻され、逆転されることを約束されているのです。現世で暗闇や痛みを経験すればするほど、次の世での輝きや安堵感が増すのです。C・S・ルイスの『天国と地獄の離婚』の中である登場人物が、聖書の教えを反映してこう言っています。「それを人間は誤解しているのです。彼らはある一時的な苦しみについて、『将来の無上の喜びはそれを補うことができない』と言うが、ひとたび天国に到達すれば、逆にその苦しみさえも栄光に変えてくれることを知らないのだ。」[4] あなたがキリストにあるならば、永遠に無敵にされているのです。この箇所は、神が怪我人を助けることではなく、死んだ人を生かすことを語っています。では、どのようにして私たちを生かすのでしょうか。ジョン・オーウェンによれば、「主は私たちに命を吹き込んでくださる」[5] のです。死体に流れ込む神の復活の力は、愛そのものです。

エペソ人への手紙２・７は、あなたの死が終わりではなく、始まりであることを伝えています。行き止まりの壁ではなく、ドアです。出口ではなく、入り口なのです。

人間の歴史すべてと永遠そのもののポイントは、完全に示すことができないものを示すことです。十分に実証できないことを実証することです。来たるべき時代、私たちは神の慈愛による恵みの中に、神のまさに心の中に、これまで以上に深く降りていくことになります。そして、それを理解すればするほど、それが理解を超えたものであることがわかるのです。計り知れないものなのです。

キリストにない人にとっては、この人生はこの先も最高のものです。キリストにある人にとっては、エペソ人への手紙２・７は彼らにとって道の次の曲がり角の永遠の眺めなのですが、この人生はこれから先は最悪のものなのです。

あの復活の朝に、義の太陽がそのすべての明るさと栄光に輝いて天に現れるとき、彼は花婿として出て来る、御父の栄光のなかで、すべての聖なる御使いたちとともに来るのである。

それは、この栄光の花婿と花嫁の確かな喜びの出会いとなるであろう。そして花婿は覆いなしにすべての栄光をもって現れ、そして聖徒たちは御父の王国において贖い主の右手で太陽のように輝くであろう。

そして、あの時が来る。その時キリストはご自分の配偶者を、世界の基から彼女のために準備していたご自分の栄光の宮殿に一緒に入るように甘く誘い、いわば彼女の手を取って、一緒に連れて行く。そして、この栄光の花婿と花嫁は、その輝く装飾品のすべてを携えて、大勢の輝かしい御使いたちが待ち構えている天の天へと一緒に昇っていく。そして、この神の御子と娘は、その一体となった栄光と喜びの中で、御父の前に一緒に姿を現すであろう。その時キリストは「ここに、わたしと、あなたがわたしに下さった子たちがおります」と言い、二人ともその関係と結合の中で、共に御父の祝福を受け、それ以降、完全な、途切れることのない、不変の、永遠の栄光の中で、互いの愛と抱擁、そして御父の愛の共同享受の中で、共に喜ぶであろう。[6]

原注

1　Jonathan Edwards, "The Church's Marriage to Her Sons, and to Her God," in *The Works of Jonathan Edwards*, vol. 25, *Sermons and Discourses*, 1743–1758, ed. Wilson H. Kimnach (New Haven, CT: Yale University Press, 2006), 187. エドワーズは非常に似たことを著作『聖書についての注』でイザヤ62・5を引用しながら述べ

ている。*The Works of Jonathan Edwards*, vol. 15, *Notes on Scripture*, ed. Steven J. Stein (New Haven, CT: Yale University Press, 1998), 187.

2 Jonathan Edwards, "True Saints, When Absent From the Body, Are Present With the Lord," in *Works*, 25:233.

3 Thomas Goodwin, *The Works of Thomas Goodwin*, 12 vols. (repr., Grand Rapids, MI: Reformation Heritage, 2006), 2:277.

4 C. S. Lewis, *The Great Divorce* (New York: HarperCollins, 2001), 69.〔邦訳はC・S・ルイス『天国と地獄の離婚』柳生直行訳、みくに書店、一九六六年〕

5 John Owen, *On Communion with God*, in *The Works of John Owen*, ed. W. H. Goold (repr., Edinburgh: Banner of Truth, 1965), 2:63.

6 Jonathan Edwards, "The Church's Marriage to Her Sons, and to Her God," in *The Works of Jonathan Edwards*, vol. 25, *Sermons and Discourses, 1743–1758*, ed. Wilson H. Kimnach (New Haven, CT: Yale University Press, 2006), 183–84.

おわりに

次は何でしょう。

これはキリストの心、および神の心についての本です。しかし、この本をどうしたらよいのでしょうか。

第一の答えは、「何もしない」です。「これをどうやって自分の人生に適用するか」と問うことは、この本の要点を平凡化することになります。一人のエスキモーが休暇を勝ち取って太陽の光が降り注ぐ場所へ行ったなら、ホテルの部屋に着いてバルコニーに出て、これをどうやって自分の人生に適用するのだろうと考えたりしないでしょう。ただそれを楽しむのです。ただ日光を浴びるのです。

ただし、私たちには一つすべきことがあります。イエスはマタイの福音書11・28で言っています。「わたしのもとに来なさい」と。

なぜ私たちはそうしないのでしょうか。グッドウィンが教えてくれます。それは、このイエスについての学び全体の要点です。

人間が遠ざかっているのは、彼らがキリストの心と精神を知らないからである。……本当は、私たちがイエスを喜ばせることができる以上に、イエスが私たちを喜ばせてくださるのである。あの放蕩者の父親は、その喜びの会合にあの二人が行くよう促す者であった。あなたにそうする気はあるだろうか。テキストでご自身が言っておられるように、あなたのために死ぬために天から降りてきた方は、放蕩者の父親がしたと言われているように、中間地点に達する前にあなたと出会われる。……それゆえ、イエスのところへ来たれ。あなたがイエスの心を知っていたら、そうするであろう。[1]

イエスのところに行きなさい。それが意味しているのは、イエスに自分の心を開くということです。イエスに愛してもらいなさい。クリスチャンの人生は二つのステップに集約されます。

1 イエスのもとに行く。
2 イエスのもとに行く。

人生の中で、あなたの周りで何が砕けつつあっても、どこで行き詰まりを感じていようとも、次のものは残り、方向転換することはありえません。それはあなたに対する、本当のあなたに対するイエスの心であり、柔和でへりくだっています。ですから、イエスのもとへ行きましょう。人生で最も敗北を感じているその所に、イエスがおられます。そこに、ちょうどそこに住んでおられ、あなたに対するイエスの心は、その暗闇の反対側ではなく、その暗闇の中にあり、柔和でへりくだっています。

あなたの苦悩はイエスの住まいです。イエスのもとに行きましょう。

「あなたがイエスの心を知っていたら、そうするであろう」[2]

原注

1 Thomas Goodwin, *Encouragements to Faith*, in *The Works of Thomas Goodwin*, 12 vols. (repr., Grand Rapids, MI: Reformation Heritage, 2006), 4:223–24.

2 Goodwin, *Works of Thomas Goodwin*, 4:223.

謝辞

この本は次の人たちがいなければ存在しませんでした。

妻、ステイシー。君だけが知っています。君が飾りとしているのは「柔和で穏やかな霊という朽ちることのないものを持つ、心の中の隠れた人」（Ⅰペテロ3・4）です。

私の兄弟、エリックとギャビンは、私の罪や苦悩を知っていて、とにかく私を愛してくれます。「アロンとフルは、一人はこちらから、一人はあちらから、モーセの手を支えた」（出エジプト17・12）

私の父、レイ。その人生と説教は、私にイエスの心を確信させてくれました。「あなたを生んだ父の言うことを聞け」（箴言23・22）

ドリュー・ハンターとは、過去十年間にわたって一緒にグッドウィンを読み、キリストの心そのものについての発見の引用をメッセージとして送り合い、共に驚いてきました。「〔彼〕のよう〔な〕……者は、だれもいません」（ピリピ2・20）

マイク・リーブスは、私にトーマス・グッドウィンを紹介してくれました。彼のミニストリーはグッドウィン自身の心臓の鼓動を反映しており、教会史の豊かさを今日の私たちにもたらしてくれます。「天の御国の弟子となった学者はみな、自分の倉から新しい物と古い物を取り出す、一家の主人のようです」（マタイ13・52）

アート・ウィットマンは、私よりも三十五年先の人生の道を歩んできました。祈りと愛によって、私が自分の道を見つける手助けをしてくれています。「友のやさしさはその熱心な助言からくる」（箴言27・9〔ESV〕）

上司であるレイン・デニスは、考えたり書いたりするために離れる時間を提供してくれました。そして、神が実際に存在するかのようにクロスウェイを率いて生きています。「義の栄冠が〔あなた〕のために用意されている」（Ⅱテモテ4・8）

クロスウェイの同僚であるジャスティン・テイラー、デイブ・デウィット、リディア・ブラウンバック、ドン・ジョーンズは、ここに至るまでこの本を励まし、編集・制作を監督してくれました。「彼らは、私の心……を安らがせてくれました」（Ⅰコリント16・18）

主イエス、大いなる心である方。最も高く挙げられたあなたが、最も優しいことを、誰が想像できたでしょうか。あなたの心の優しさに思いを馳せていると、書いているうちに何度も涙が出てきました。驚きの涙、安堵の涙です。「いったいこの方はどういう方なのだろうか」（ルカ8・25）

著　者

デイン・オートランド（Dane Ortlund）

アメリカのウィートン大学卒。

キリスト教出版社クロスウェイに10年間勤務、おもにESV聖書と関連資料を担当し、最終的には出版最高責任者として書籍も監督した。

現在、ネイパービル長老教会（イリノイ州）の主任牧師を務めながら、執筆活動や各地で講演活動を行っている。著書に *Deeper：Real Change for Real Sinners* (Crossway Books) などがある。

訳　者

糟谷恵司（かすや・けいし）

立命館大学卒。New Orleans Baptist Theological Seminary 修士課程卒。日本及び米国ＩＢＭに38年間勤務の後、2018年に退職。ＶＩＰクラブ・アトランタ・チェアマン、セカンドレベル・ミニストリー理事長、ファミリーファーストジャパン副理事長など米国および日本で活動。１男１女の父。

わたしは心が柔和でへりくだっているから
――キリストの心をさぐる23章

2024年6月1日発行

著　者　デイン・オートランド
訳　者　糟谷恵司
印刷製本　モリモト印刷株式会社
発　行　いのちのことば社
〒164-0001 東京都中野区中野2-1-5
電話 03-5341-6923（編集）
03-5341-6920（営業）
FAX 03-5341-6921
e-mail:support@wlpm.or.jp
http://www.wlpm.or.jp/

ISBN 978-4-264-04490-1